国家中等职业教育改革发展示范学校特色教材

（物流服务与管理专业）

配送作业实训

陈　玲　张敏霞　主　编

刘文勇　杨　韧　副主编

中国财富出版社

图书在版编目（CIP）数据

配送作业实训／陈玲，张敏霞主编. —北京：中国财富出版社，2014.8
（国家中等职业教育改革发展示范学校特色教材. 物流服务与管理专业）
ISBN 978 - 7 - 5047 - 5275 - 8

I. ①配… II. ①陈… ②张… III. ①物资配送—中等专业学校—教材 IV. ①F252

中国版本图书馆 CIP 数据核字（2014）第 138373 号

策划编辑	崔 旺	责任印制	方朋远
责任编辑	敬 东 崔 旺	责任校对	杨小静

出版发行	中国财富出版社（原中国物资出版社）	
社　　址	北京市丰台区南四环西路 188 号 5 区 20 楼	邮政编码　100070
电　　话	010 - 52227568（发行部）	010 - 52227588 转 307（总编室）
	010 - 68589540（读者服务部）	010 - 52227588 转 305（质检部）
网　　址	http://www.cfpress.com.cn	
经　　销	新华书店	
印　　刷	北京京都六环印刷厂	
书　　号	ISBN 978 - 7 - 5047 - 5275 - 8/F · 2182	
开　　本	787mm×1092mm　1/16	版　次　2014 年 8 月第 1 版
印　　张	10	印　次　2014 年 8 月第 1 次印刷
字　　数	207 千字	定　价　22.00 元

目　录

前　言

随着互联网的普及以及电子商务的蓬勃发展，物流服务作为一种先进的运输服务方式受到社会的普遍欢迎。物流服务的快速发展急需大量的技术技能人才，而职业学校正是物流人才培养的基地。为了培养物流企业适用的人才，必须加大物流人才培养的力度，努力扩大物流专业人才规模，提高物流从业人员的职业素质和专业技能。根据教育部颁发的《中等职业学校专业目录》《中等职业学校物流服务与管理专业教学标准》及课程标准，由中国财富出版社组织编写的本套物流服务与管理专业实训作业系列教材，基本满足了中等职业教育物流服务与管理专业仓储与配送业务方向的一体化教学需要。

《配送作业实训》是基于配送作业流程与岗位要求，根据学校物流实训中心仓储与配送实训室设备，由江西省商务学校骨干教师与物流企业技术人员共同完成教材的设计、编写任务。

本书在教学设计和内容安排上，针对物流服务与管理专业的培养目标和中职学生的学习特点，以就业为导向，以学生为主体，着眼于学生动手能力，注重职业素养的培养，有利于课程教学改革，采用任务教学法，以任务驱动的模式组织教学。

本书层次分明、语言通俗易懂、图表丰富。每个任务包括实训目标、实训相关知识、实训要求、实训地点、实训时间安排、实训步骤、注意事项、实训评价、实训知识拓展等内容。

本书主编陈玲、张敏霞，副主编刘文勇、杨韧。项目一、项目三由张敏霞编写，项目二由刘文勇编写，项目四由杨韧编写，项目五至项目九由陈玲编写，项目十由刘文勇、深圳华软新元科技有限公司刘智编写，项目十一由陈玲、深圳华软新元科技有限公司刘智编写。全书由陈玲统稿，张敏霞审稿。

编写实训教材对编写人员是一项具有挑战和探索性的工作，由于时间仓促，不足之处在所难免，敬请选用教材的单位和使用教材的个人提出宝贵意见，以便我们进行修改和完善。

编　者
2014 年 5 月

项目一　认识配送中心

　　配送是指在经济合理区域范围内，根据客户要求，对物品进行拣选、加工、包装、分割、组配等作业，并按时送达指定地点的物流活动。配送是物流中一种特殊的、综合的活动形式，是商流与物流的紧密结合，包含了商流活动和物流活动，也包含了物流中若干功能要素的一种形式。

任务一　参观超市配送中心　了解工作岗位职责

【实训目标】

　　通过对连锁超市配送中心的参观，使学生对配送中心具备感性认识，掌握配送中心的的结构、认知配送中心作业设备及管理系统、了解配送中心工作岗位职责及素质要求。

【实训相关知识】

一、配送中心的基本功能

　　配送中心是专门从事货物配送活动的经济组织，换个角度说，它又是集加工、理货、送货等多种职能于一体的物流据点。正如有人所言："配送中心实际上是集货中心、分货中心、加工中心功能的综合。"具体说，配送中心有如下几种功能：

　　1. 服务功能

　　服务功能是配送中心的基本功能。配送中心的活动实质上就是为用户提供物流方面的整体服务，做到不积压、不脱销、无货损、成本低、速度快。

　　2. 集货功能

　　配送中心从众多供应商处采购大量的、品种和规模较齐全的商品，按用户需要配送就是集货。

　　3. 加工功能

　　采购来的产品有的需要简单加工，大多数农产品都需要简单加工。加工功能可以有效地提高配送水平。加工活动可按照用户对商品的不同要求，进行分割、分装、配装、套载、清洗、摘取等活动。

4. 储存功能

虽然现在商品储存的时间越来越短，但配送中心修建仓库，使自己具有储存功能还是必要的，这样可以满足临时商品滞留之需。

5. 分拣功能

分拣是指将储存货物按用户要求分拣配齐以后，送到指定配货场，经配装送至用户，这正是配送中心与普通仓库的主要区别。

6. 装卸功能

集货、储存、分拣等过程都需要进行装卸搬运。装卸作业效率的高低、质量的好坏直接影响到配送的速度和质量。配送中心必须具备装卸功能，配备相应的设备。

7. 送货功能

送货是指将分装、配组好的货物送到各用户。运输车辆可借用社会运输车辆，也可自建运输队。

二、配送中心的结构

配送中心的内部结构应易于管理、方便作业，具备装卸、搬运、储存和保管等多种作业功能。一般配置管理区、进货区、理货区、存储区、分拣配货区、加工区、发货区、退货处理区、废弃物处理区、设备存放及维护区等，如图 1-1、图 1-2 所示。

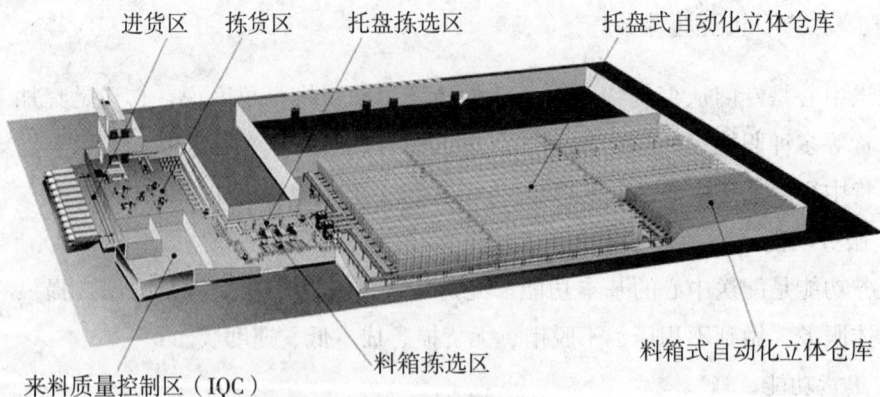

图 1-1　配送中心鸟瞰

三、配送中心岗位职责及要求

配送中心种类繁多，规模大小各异，岗位设置有所不同，但总结配送中心的工作人员大体可分为九类，他们分别是：接单员、收货员、仓库管理员、盘点员、拣货员、

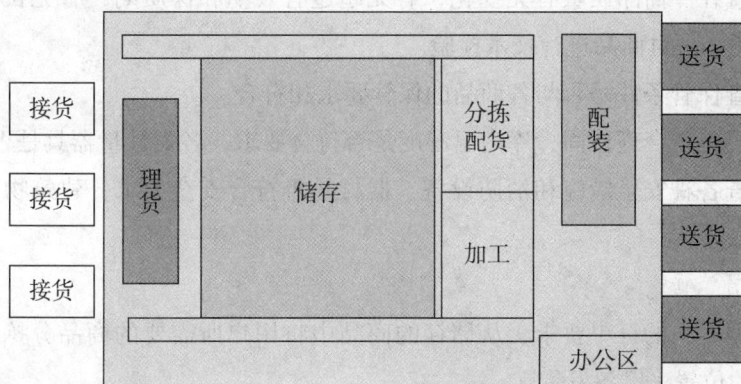

图1-2 配送中心内部结构

补货员、配货员、包装员及送货员等。各岗位职责及要求如下：

1. 接单员

（1）接收订单资料。

（2）在规定的时间内，对客户的订单进行确认和分类，并由此确定所要配送货物的种类、规格、数量及送达时间。

（3）建立用户订单档案。

（4）对订货进行存货查询，并根据查询结果进行库存分配。

（5）将处理结果打印输出，如拣货单、出货单等。

（6）根据输出单据进行出货物流作业。

2. 收货员

（1）组织人员卸货。

（2）检验商品条码，核对商品件数以及商品包装上的品名、规格等，对于件数不符的商品，查明原因，按照实际情况纠正差错。

（3）签盖回单。

3. 仓库管理员

（1）熟悉物料品种、规格、型号、产地和性能，对物料表明标记分类排列。

（2）按规定做好出库验收、记账、发放手续，及时搞好清仓工作，做到账账相符、账物相符。

（3）随时掌握库存动态，保持材料及时供应，充分发挥周转效率。

（4）搞好安全管理工作，检查防火、防窃、防爆设施，及时消除不安全因素。

4. 盘点员

（1）通过点数计数查明商品在库的实际数量，核对库存账面资料与实际库存数量是否一致。

（2）检查在库商品质量有无变化，有无超过有效期和保质期，有无长期积压等现象，必要时还必须对商品进行技术检验。

（3）检查保管条件是否与各商品的保管要求相符合。

（4）堆码是否合理稳固，库内温湿度是否符合要求，各类计量器具是否准确等。

（5）检查各种安全措施和消防设备、器材是否符合安全要求，建筑物和设备是否处于安全状态。

5. 拣货员

（1）根据客户的订单要求，从储存的商品中将用户所需要的商品分拣出来，放到发货场指定的位置，以备发货。

（2）熟练操作拣货作业，认真完成每日的拣货作业任务。

（3）做出拣货出库实绩总结和报告。

（4）做好拣货设备的定期检查，设备出现不良状况时及时向保养人员报告。

6. 补货员

根据以往的经验、相关的统计方法或计算机系统的帮助确定最优库存水平和最优订购量，并根据所确定的最优库存水平和最优订购量，在库存低于最优库存水平时发出存货再订购指令，以确保存货中的每一种产品都在目标服务水平下达到最优库存水平。

7. 配货员

（1）分货：把拣货完毕的商品按用户或配送路线进行分类。

（2）配货检查：根据用户信息和车次对拣送物品进行商品号码和数量的核实，以及对产品状态品质的检查。

8. 包装员

对配好的货物进行重新包装、打捆，以保护货物，提高运输效率，便于配送到户时客户识别各自的货物。

9. 送货员

（1）根据车辆调度人员的送货指示执行送货作业。

（2）根据配送计划确定的最优路线，在规定的时间及时准确地将货物运送到客户手中。

（3）在运送过程中注意加强运输车辆的考核和管理，协助收货单位将货品卸车，并与收货人员一起清点货物，做好送完确认工作。

（4）通知财务部门进行费用结算。

四、配送中心的主要设施设备

1. 自动分拣系统

随着激光扫描、条码和计算机控制等技术导入物流业，自动分拣系统已广泛地被运用于现代化配送中心。自动分拣系统的分拣效率远远高于人工分拣，一般分拣速度可达到每小时分拣6000～12000箱商品。具有能连续运行、大批量地分拣货物；主要采用条码技术来识别货物，分拣误差率极低；分拣作业基本实现无人化等特点。

自动分拣系统一般由控制装置、分类装置、输送装置及分拣道口组成。控制装置的作用是识别、接收和处理分拣信号，根据分拣信号的要求指示分类装置、按商品品种、按商品送达地点或按货主的类别对商品进行自动分类。分类装置的作用是根据控制装置发出的分拣指示，当具有相同分拣信号的商品经过该装置时，该装置动作，使其改变在输送装置上的运行方向，进入其他输送机或进入分拣道口。输送装置的主要组成部分是传送带或输送机，其主要作用是使待分拣商品鱼贯通过控制装置、分类装置，并输送装置的两侧，一般要连接若干分拣道口，使分好类的商品滑下主输送机（或主传送带）以便进行后续作业。分拣道口是已分拣商品脱离主输送机（或主传送带）进入集货区域的通道，一般由钢带、皮带、滚筒等组成滑道，使商品从主输送装置滑向集货站台，在那里由工作人员将该道口的所有商品集中后或是入库储存，或是组配装车并进行配送作业。以上四部分装置通过计算机网络联结在一起，配合人工控制及相应的人工处理环节构成一个完整的自动分拣系统。自动分拣线如图1-3所示。

图1-3 自动分拣线

2. 自动化立体仓库

　　自动化立体仓库是用高层货架储存货物，以巷道堆垛起重机存取货物，并通过周边的装卸搬运设备，自动进行出入库存取作业的仓库。主要由高层货架、巷道堆垛起重机、周边搬运系统和控制系统组成。自动化立体仓库是现代物流系统中迅速发展的一个重要组成部分，具有节约用地、减轻劳动强度、消除差错、提高仓储自动化水平及管理水平、提高管理和操作人员素质、降低储运损耗、有效地减少流动资金的积压、提高物流效率等诸多优点，已成为企业物流和生产管理不可缺少的仓储技术，越来越受到企业的重视。自动化立体仓库中的控制系统和高层货架如图 1-4 所示，高层货架和巷道堆垛起重机如图 1-5 所示。

图 1-4　自动化立体仓库中的控制系统和高层货架

图 1-5　高层货架和巷道堆垛起重机

3. 计算机智能化技术

计算机技术在物流配送领域运用已经非常广泛。例如，配送中心的自动分拣系统、自动化立体仓库、电子标签拣货装置、自动补货系统、配车计划和车辆调度计算机管理等都是计算机技术在现代配送中心的运用，实现了配送中心物流作业的无纸化，提高了配送工作效率，增加了物流配送中心的经济效益。电子标签拣货设备如图1-6所示。

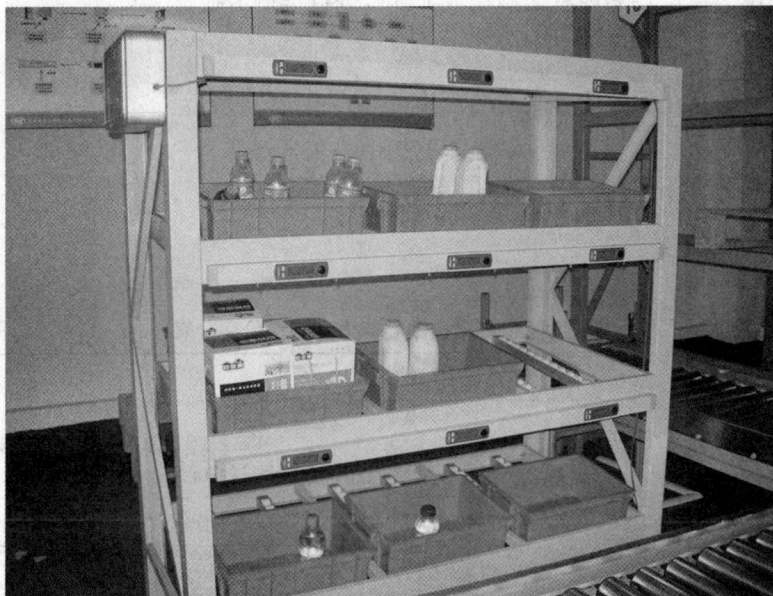

图1-6 电子标签拣货设备

【实训要求】

1. 建立小组，每小组6~8人，每小组设组长1名，由组长协助教师维护参观纪律。

2. 未经配送中心工作人员允许不得擅自触碰物流设备设施。

3. 参观回校后以小组为单位书写参观报告，制作成PPT并向全班同学汇报参观结论。

【实训地点】

南昌本地的连锁超市配送中心。

【实训时间安排】

4课时。

【实训工具】

笔、笔记本和台式计算机。

【实训步骤】

1. 组织学生到一家物流企业参观，与企业工作人员进行座谈交流，了解企业对不同岗位人员素质的要求。

2. 观察采用了哪些机械设备和管理系统。

3. 以小组为单位整理参观记录，进行书面参观总结（可适当附加一些数据或图片等能支持总结论点的资料）。

4. 以小组为单位将参观总结制作成 PPT，进行全班汇报。

【注意事项】

1. 分工协作，注意各环节之间的衔接。

2. 学遵守纪律，注意安全，不影响配送中心正常作业。

3. 讲文明有礼貌，维护学校形象。

【实训评价】

表 1-1　　　　　　　　　　参观连锁超市配送中心能力训练评价评分表

考评人		被考评人		
考评地点				
考评内容	参观连锁超市配送中心			
	具体内容		分值（分）	实际得分（分）
考评标准	参观记录内容全面、准确性高		25	
	论据有理有据，有说服力		25	
	物流设备与系统观察仔细		20	
	PPT 制作精美、汇报全面		20	
	参观过程纪律表现良好，着装、仪态、礼节合乎要求		10	
合　计			100	

注：考评满分为100分，60~74分为及格；75~84分为良好；85分以上为优秀。

【实训知识拓展】

配送是物流服务主要内容之一，配送服务水平直接影响物流企业经济效益。配送中心有以下几种服务方式可供选择：

（1）定时配送方式：按规定时间间隔配送，每次配送的品种和数量可按计划执行，也可在配送前以商定的方式（如电话、计算机等）通知。

（2）准时（JIT）配送方式：按双方协议的时间，准时准点将货物配送到客户。

（3）定量配送方式：按规定的数量在指定的时间范围内进行配送。

（4）定时定量配送方式：按规定的时间和数量进行配送。

（5）定时定路线配送方式：按规定的路线和到达的时间进行配送。

（6）即时应急配送方式：按客户临时提出的配送时间和数量立即进行配送。

任务二　了解配送中心作业流程　分析产生的经济作用

随着信息技术的飞速发展，特别是电子商务、连锁经营等流通方式的出现，物流配送已显示出强大的生命力和广阔的发展前景。

【实训目标】

通过参观配送中心，使学生了解现代物流企业配送业务运作过程及现代物流技术发展水平与状况，认识到物流配送在当代经济中的重要地位和作用，坚定投身物流事业的信心。

【实训相关知识】

一、配送中心的一般作业流程

配送中心的一般作业流程，只能说是配送活动的典型作业流程模式。货物商品的特性不同，配送服务形态也不同。随着商品日益丰富，消费需求个性化、多样化，多品种、少批量、多批次、多用户的配送服务方式，是当今最具时代特色的典型配送活动形式。配送中心的一般作业流程如图 1-7 所示。

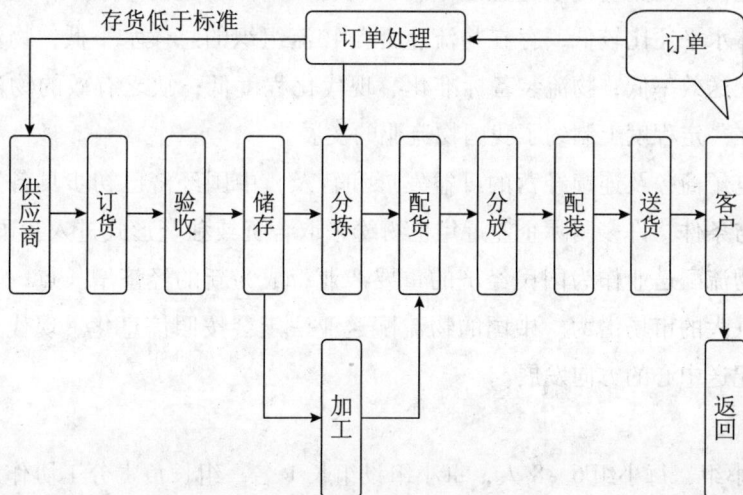

图 1-7　配送中心一般作业流程

二、配送的作用

配送的作用主要体现在以下几方面。

1. 提高企业物流系统的运行经济效益

采用配送方式，通过统一订货，可以增加订货的数量，降低采购成本。同时，由于将客户所需的商品集中发货或将多个客户所需的小批量商品集中进行一次性发货，可减少运输费用。其次，还可以通过集中库存，使企业降低库存数量，减少库存费用。

2. 简化手续，方便客户

采用配送方式，客户只需要向一个企业订货，就可以采购到以往必须向许多企业订购到的商品。简化了客户订购和接货的手续，大大降低了客户的工作量，节约开支，方便客户。

3. 提高物品供应或商品销售保证程度

如果工商企业自己保持库存以此维持生产或销售，会受库存容量及库存费用的制约而导致原材料的供应或产品的销售难以保证。而配送中心比任何单独企业所拥有的储存量都大得多，具有集中库存、相互调剂的相对优势。企业采用配送方式，不仅可以降低由于缺货而影响生产的风险，而且可以在产品销售方面及时满足顾客多样化和个性化的需求，极大地提高企业的竞争能力。

三、我国物流配送发展现状及前景

目前，我国社会物流需求持续高速增长，物流业增加值稳步上升，物流服务在我国仍占主导地位，物流基础设施也逐渐得到改善，整体物流技术水平得到提高，但物流发展的总体水平还比较低，存在物流企业与物流组织的总体水平低；物流配送人才短缺；物流配送效率低，物流装备标准化、现代化程度低；缺乏有效的物流配送网络等问题，这在一定程度上制约了我国物流业的发展。

但随着电子商务及连锁经营的日益发展和普及，中国经济已初步具备了发展物流配送的环境与条件。许多国际企业近年也纷纷采取合资或独资形式进入我国物流市场。我国的现代物流配送业作为国民经济的重要产业，成为新的经济增长点，具有广阔的发展空间和巨大的市场潜力。中国的物流配送业一定会按照信息化、现代化、社会化的新型物流配送中心的方向发展。

【实训要求】

1. 建立小组，每小组 6~8 人，每小组设组长 1 名，组长负责分工协作和组织本组成员讨论，督促本组成员按时、按量、按质完成实训内容。

2. 各组需将案例问题的答案制作成 PPT 并派成员向全班同学汇报、交流。

【实训地点】

南昌本地的连锁超市配送中心。

【实训时间安排】

4 课时。

【实训工具】

笔、作业本和台式计算机。

【实训步骤】

1. 小组成员分别在配送中心不同的功能区观察作业流程。

2. 记录入库、装卸搬运、分拣、加工、出库的操作过程。

3. 小组成员一起讨论，画出配送中心作业流程图，找出不合理的作业，并讨论应如何改进。

4. 以小组为单位将参观总结制作成 PPT，进行全班汇报。

【注意事项】

1. 组长应合理分配工作任务以免造成有些同学无所事事，影响实训任务的完成。

2. 学生外出进行企业参观，必须听从指挥，遵守纪律，注意安全，并需表现出良好的礼貌礼节，维护学校形象。

【实训评价】

表1-2   案例分析能力训练评价评分表

考评人		被考评人		
考评地点				
考评内容	配送中心作业流程分析			
考评标准	具体内容	分值（分）	实际得分（分）	
	参观报告体现出对配送中心工作流程的认识，且有合理性	25		
	参观记录内容全面、准确性高	25		
	运用专业知识能力	25		
	PPT 制作精美、汇报全面	20		
	参观过程纪律表现良好，着装、仪态、礼节合乎要求	5		
合　计		100		

注：考评满分为100分，60~74分为及格；75~84分为良好；85分以上为优秀。

【实训知识拓展】

现代物流技术的应用：松下配送中心

松下物流负责松下电气及电子产品的配送工作，它的一个配送中心由于在运作中有效地利用了高科技而声名鹊起。

该配送中心采用了自动传送装置及自动数据采集（ADC）技术［主要是射频数据通信（RF/DC）即条码技术］，以实现对公司8万多台电视机、录像机、复印机，乃至医疗设备等产品的跟踪和配送。这不但减少了人工数据采集系统所需的员工数量，而且提高了整个操作过程的效率。由于仓库面积为3.6万平方米，拥有2.3万个托盘站点，每个托盘站点高22米，有5个通道，高层货舱存储；还有10万个分检站点，从完整的托盘和箱体流开始，然后将其转移到圆盘传送带，直至最终搁置于货架上。设计这一套设施时，松下研究人员了解到，ADC系统是跟踪货物出入仓库的关键。

一、仓库的自动化

该中心的建立旨在将不同的配送场所统一为一个配送中心，因此另外三个地区的仓库都已关闭。抵达的货物包括成品、零部件以及备用零件。成品和备用件被送到独立的零售商和国内客户。

跟踪仓库中的产品由ADC系统完成，它包括射频数据通信（RF/DC）终端、手持式条码扫描器、标签打印机、"按键亮灯"分类系统、射频终端和扫描器。

货物一到达仓库，就由仓库工作人员人工码成托盘。一旦托盘被码好，就贴上一个交叉二五条码（ITF）标签。该条码包括产品号、数量和目的地的编号。标签是由放置于叉车上的 Blaster 直接热敏式条码打印机打印。然后，叉车将托盘放在传送带上，运送到仓库的高层货舱。标签将一直贴在托盘上直至托盘被拆卸或作为一个完整的托盘送出仓库。

二、分拣过程

仓库中有许多用于组装客户订单的分拣站。箱体流库存（由与传送带相邻的重力自动供给架支撑）主要服务于快速移动产品，也为移动速度较慢的产品提供搁置架。另外，还有4个垂直圆盘传送带传送小零件，2个水平传送带传送组件。

订购的货物被装入塑料装运箱中，大件产品则装入单个的箱体中，如电视机。分拣每一件产品时，打印 Code39 条码标签并贴在装运箱上。该条码对产品、订单号及客户的信息进行编码。

操作人员利用带有累加器的特制分拣车针对客户订单组装货物。此种工具车装备有名为 Tracker 的射频终端，该终端与条码扫描器和 Blaster 打印机连接。在每个圆盘传送带上的分件和输入工作由一个有利用模糊运算进行译码的手持式激光扫描器的 PC 终端机装备完成，而标签打印机的作用是指导操作人员检查备件货物是否正确。

一旦备件货物全部被分拣出来，累加器就被转移至用以发货的传送装置上。装有成品的箱体被分拣出来并放置于传送带上等待分类，箱体上的条码被扫描以识别其所属订单。

三、小型货物的特殊处理

备用件和小件货物，如轮齿、电阻器或芯片的分拣方式不同。按键亮灯系统使操作人员能够将20件不同的订货作为一个批次装入同一装运箱中。操作人员并不知道哪些货物应发给哪个客户，他只要将装运箱放置到运送装置上，并贴上含有订单号的条码即可。装运箱在寄销运送装置上传送时，其标签将被安装在运送装置上的固定式扫描器扫描，系统再将装运箱送往分类系统。

分类工作站有三个组，每组20个站点，每个站点分别为一个用户准备一个专门的物料箱。操作人员将装运箱顶部的号码输入 PC 机之后，用射频扫描器扫描装运箱中的所有货物。与该号码对应的物料箱的指示灯就会发亮，这便指示出了需要该货物的客户地址。据此，该货物就放置在这一物料箱中。

当所有的货物都被放置到正确的物料箱中后，物料箱则被转移到另一边。在那里，操作人员将它们包装起来等待发货。此时，下一个物料箱已经到达。操作人员将第二批货物分拣出来并进入下一20个站点组，接着是第三个站点组，然后再重返第一组站点。该系统提高了在备件区域的操作人员的平均工作效率。

四、与 IT 系统连接

Bracknell 地区的松下公司的销售订单处理系统在24小时中共进行5次下载操作。该系统通过微波与仓库管理系统相连。将该系统与线路计划、自动高层货仓的运输控制系统以及仓库与办公室周围的固定式 PC 终端连接的是区域网络（LAN）。该网络的主要中心枢纽由纤维链路在进货层、出货层、高分拣层及低分拣层连接。

项目二　入库作业

入库作业是运输与库存相衔接的部分，是配送的基础环节，又是决定配送与否、规模大小的最基础环节。

入库作业流程如图2-1所示。

图2-1　入库作业流程

仓库基本作业流程如图2-2所示。

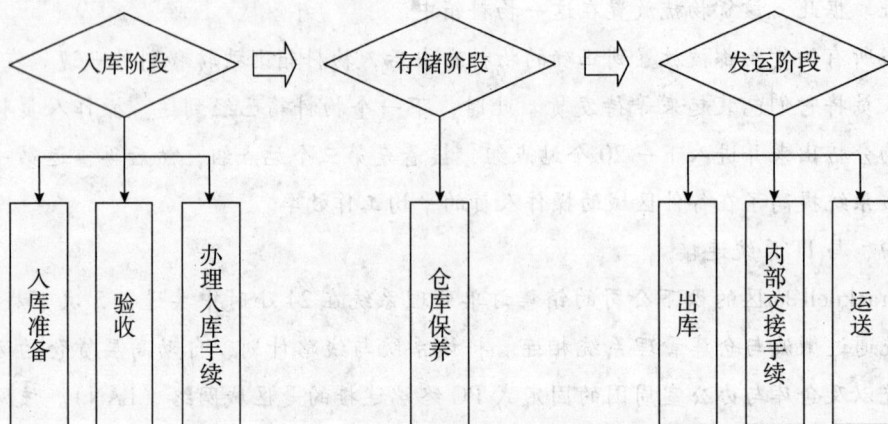

图2-2　仓库基本作业流程

商品入库交接流程如图2-3所示。

任务一　入库验收

【实训目标】

通过入库验收实训，学生了解验收的流程，掌握商品验收的内容和方法。

【实训相关知识】

物流配送中心的验收作业是指物流配送中心内部负责接受货物并检验到货的数量

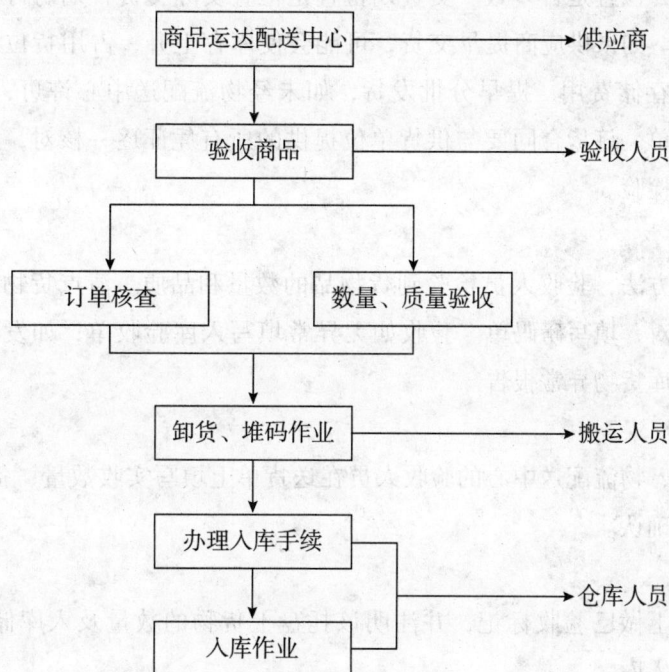

图 2-3　商品入库交接流程

和质量的作业环节，包括核对单证和检验实物。验收作业是确保物流配送中心入库物资数量准确、质量完好的最重要的一个环节，同时也是物流配送中心提出退换货和索赔的依据，是避免商品积压、减少经济损失的重要手段。

一、验收的基本流程

1. 接运

这是商品入库的第一道工序。商品运到仓库时，引导供应商的送货车辆进入正确的收货站台，仓库收货人员与运输人员或运输部门进行商品交接，并组织卸货人员将货物卸到待验区。对于品种多、数量大、规格复杂的商品，卸货时应分品种、规格、货号堆放，以便点收。点收商品应依据正式入库凭证，先将大件（整件）商品数量点清。进行商品大数验收的同时，对每件商品的包装和标志要仔细检查。应注意商品包装是否完整、牢固，有无破损、受潮、水渍、污渍等异状；认真核对所有商品包装上的标志是否与入库通知上所列的相符。保管员填写请验单（入库验收通知单），通知验收员进行验收。

2. 核对单据

司机将送货单交给物流配送中心的验收人员，验收员核对送货单与物流配送中心的入库通知单，确定货物名称、规格、批次、数量和包装等内容是否一致。送达的货物一般都附有运单或送货单，可以将它们与物流配送中心的入库通知单货物数量和货物编号加以比较，检查是否一致。交货期检查是检查实际交货日期与订货合同上的交货日期是否一致。如果供应商提早交货，可能会使库存上升，占用货位。有时供应商为了降低自己的存储费用，提早分批发货，如未经物流配送中心许可，应予以退回。总之，入库通知单、订货合同要与供货单位提供的所有凭证逐一核对，相符后才可进行下一步的实物检验。

3. 验收货物

选择合适的方法，验收人员检验到货物品的数量和品质。清点货物数量，并与送货单中的数量核对，填写磅码单。验收如无异常填写入库验收单；如发现异常，根据异常情况填写入库货物异常报告。

4. 签收单据

检验无误后，物流配送中心的验收人员在送货单上填写实收数量、备注等资料后，在签收人处签名确认。

5. 储位标记

在货物外箱上做已验收标记，并注明该托盘上货物的数量及入库储位号等信息，以便保管员正确入库。

验收员完成验收工作，填写入库验收记录，在入库单上签字，同时将有关入库信息及时准确地录入库存商品信息管理系统。保管员凭有验收员签字的入库单，核对无误后，将货物转到合格品区。

二、验收的要求

入库货物验收应遵循"及时""准确""严格""经济"等要求。

1. 及时

到库货物必须在规定的期限内完成验收工作。因为货物虽然到库，但是未经过验收的货物不能入库入账。只有及时验收，尽快提出检验报告，才能保证商品尽快入库。同时，货物的托收承付和索赔都有一定的期限，如果验收时发现货物不合规定要求，要提出退货、换货或赔偿等要求，均应在规定的期限内提出；否则，供方或责任方不再承担责任，银行也将办理拒付手续。

2. 准确

验收的各项数据或检验报告必须准确无误。验收的目的是要弄清商品数量和质量方面的实际情况，验收不准确，就失去了验收的意义。

3. 严格

验收工作的好坏直接关系到国家和企业利益，也关系到以后各项仓储业务的顺利开展，因此直接参与验收的人员应严肃认真地对待商品验收工作。

4. 经济

开展验收时不但需要检验设备和验收人员，同时需要装卸搬运机具和设备及相应工种人员配合。这就要求各工种密切协作，合理组织调配人员与设备，以节省作业费用。验收中应尽可能保护原包装，减少或避免破坏性试验，也是提高作业经济性的有效手段。

三、验收的原则

（1）在商品入库凭证未到或未齐之前不得正式验收。

（2）发现商品数量或质量不符合规定，要会同有关人员当场作出详细记录，交接双方在记录上签字。

（3）在数量验收中，计件商品应及时验收，发现问题要按规定的手续，在规定的期限内向有关部门提出索赔要求。

四、货物入库验收标准

货物入库验收包括数量与质量的检查，因此验收标准也分为数量验收标准和质量验收标准。

1. 数量验收标准

采购合同或订单。

2. 质量验收标准

（1）采购合同或订单所规定的具体要求和条件。

（2）议价时的合格样品。

（3）各类产品的国家品质标准或国际标准。

五、货物入库验收内容

1. 外包装检查

（1）查看包装有无破损及破损程度。

（2）部分贵重货物或易碎货物的纸箱包装有无摔痕或皱褶。

（3）商品包装有无变形或商品外露。

（4）液体货物外包装有无漏液情况，有无被其他液体污染或浸泡过的痕迹。

2. 外包装规格检查

（1）外包装上的产品名称、大小规格、颜色、等级、标准等。

（2）外包装上的商品条码（或物流条码）。

3. 拆箱检查

为防止错装其他货物，可进行适当的抽样开箱检查。主要检查以下几方面：

（1）包装内的商品是否有破损及其他损伤情况。

（2）检查包装内商品的规格、名称、条码等。

（3）商品的保质期是否符合验收标准。对于商品的保质期的检验要特别注意，一般物流配送中心对商品的保质期都有相应的标准，超出范围的商品拒收。

4. 货物数量清点

清点箱内货物数量，确认无误后，清点托盘上货物整件数量。

检查货物数量主要包括以下内容：

（1）实际交货数量与交货通知单上的数量比较；

（2）实际交货数量与预入库单上的数量比较。

六、货物入库验收方法

1. 数量验收方法

（1）标记记件法：对每一定件数的商品作标记，待全部清点完毕后，再按标记计算总数。适用于大件、大批量商品的清点。

（2）分批清点法：将商品堆码，每行、列、层堆码件数相同，清点完毕后统一计算。适用于包装规则、批量不大的货物的清点。

（3）定额装载法：用托盘、平板车和其他装载工具实行定额装载，最后计算入库数量。适用于包装规则、批量大的货物的清点。

2. 质量验收方法

由于交接时间短促、现场码盘等条件的限制，在收货点验时，一般只能用"看""闻""听""摇""拍""摸"等感官检验方法，检查范围也只能是包装外表。

（1）视觉检验：观察货物的颜色、结构，检查是否有变形、破损、变色、脱落或结块现象。例如，验收液体商品应检查包装箱外表有无污渍，包括干渍和湿渍，如有，必须拆箱检查并更换包装。

（2）听觉检验：通过摇动、敲击判断质量。例如验收玻璃制品时，可以摇动或倾倒细听声响，如果发现有破碎声响，应当场拆箱检查，以明确交接责任。

（3）触觉检验：通过手感判断质量。

（4）味觉、嗅觉检验：通过气味和味道判断质量。例如验收香水、花露水等商品时，可以在箱子封口处"闻"，如果闻到香气严重刺鼻，可以判定内部商品必有异状。

（5）仪器检验。

（6）运行检验：电器、车辆。

七、处理验收中发现的问题

对于入库验收中发现的货物存在的问题，一定要及时处理，分清各方应承担的责任，否则后患无穷。凡验收中发现问题等待处理的商品，应该单独存放，妥善保管，防止混杂、丢失、损坏。验收工作中常见的问题及处理方式有以下几种：

1. 质量检验问题的处理

（1）应及时向供货单位办理退货、换货交涉，或征得供货单位同意代为修理，或在不影响使用前提下降价处理。

（2）商品规格不符或错发时，应先将规格对的予以入库，规格不对的商品做好验收记录交给相应部门办理换货。

2. 数量检验问题的处理

（1）对于数量溢余较大的情况，可选择商品退回或补发货款的方式解决。

（2）对于数量短缺较大的情况，可选择按实数签收并及时通知供应商的方式解决。

3. 证物不符问题的处理

应把到库商品放置于待检区，并及时与供应商进行交涉，可以采取拒绝收货、改单签收或退单、退货的方式解决。

4. 验收凭证问题的处理

要及时向供应商索取，到库商品应作为待检验品堆放在待验区，待证件到齐后再进行验收。证件未到之前，不能验收，不能入库，更不能发货。

【实训要求】

在进行商品数量和质量验收时应认真、细致，注意商品和人身安全。

【实训地点】

校物流实训中心。

【实训时间安排】

2 课时。

【实训工具】

笔、商品若干、送货单（如表 2 - 1 所示）、货物交接单（如表 2 - 2 所示）、入库验收单（如表 2 - 3 所示）、入库货物异常报告（如表 2 - 4 所示）。

表 2 - 1　　　　　　　　　　　送货单

No. _____

送货单位：　　　　　　　　　　　　　　　　　货日期：　年　月　日

品名	规格	单位	数量	单价	金额	备注

送货单位：（盖章）　　　送货人：　收货单位：（盖章）　　　收货人：

表 2 - 2 货物交接单

收货人	发站	发货人	品名	标记	单位	件数	重量	车号	运单号	货位	合同号

送货人： 接受人： 经办人：

表 2 - 3 入库验收单

供货商					采购订单号		验收员		
运单号							验收日期		
运货日期					到货日期		复核员		
序号	储位号码	商品名称	商品规格	商品编码	包装单位	应收数量	实收数量	备注	

表 2 - 4 入库货物异常报告

序号＿＿＿＿＿＿＿＿＿＿ 日期＿＿＿＿＿＿＿＿＿

货物编号	品名	规格	数量	异常情况

送货人： 验收人：

【实训步骤】

1. 建立小组，每小组 6~8 人，每小组设组长 1 名，小组成员分别扮演承运单位人员、保管员、验收人员。

2. 教师将事先准备好的整套入库货物的单证，交给仓管员，仓管员准备好验收器具和设备，编制入库单。

3. 保管员通知验收员进行验收。

4. 货物送达后，验收员对送货员提交的送货单和入库通知单进行核对。

5. 验收员进行大数验收及检查商品包装和标志。

6. 验收员进行商品质量验收。

7. 办理交接手续。

8. 其他组成员对演练同学给予分析和评价。

9. 实训教师对实训效果进行总结和评价。

【注意事项】

1. 熟悉商品入库操作，严格按程序进行。

2. 正确对商品进行分类。

3. 根据单据核对、验收货物。

4. 文明操作，注意安全。

【实训评价】

表 2 – 5　　　　　　　　　　入库验收能力训练评价评分表

考评人		被考评人	
考评地点			
考评内容	入库验收		
考评标准	具体内容	分值（分）	实际得分（分）
	检查认真、细致	15	
	大数验收	20	
	商品包装和标志检查	20	
	商品质量验收	30	
	办理入库手续	15	
合　计		100	

注：考评满分为100分，60~70分为及格；71~80分为中；81~90分为良好；91分以上为优秀。

【实训知识拓展】

订购制度

1. 采购组每日检查库存（电脑自动刊印），若至请购点时，需填写请购单，经主管核章后办理采购事宜。

2. 采购组查询货品供应商的其他货品库存状况，以简化作业并符合规模经济。

3. 采购组依据厂商资料表制作《订货单》一式二联，并以传真或电话通知厂商，并将《订购单》第二联交（传真）储运组备查，第一联自存。

4. 采购组于每次确认订购单后，当日发出通知，依照与各家厂商协议的时间，送货至请购单位，进货时间安排在每日 AM10：00—11：30，PM3：30—4：30。

5. 紧急采购经部门主管核准后进行，事后需补填请购单。

6. 储运组也需与采购组共同依照储位大小、经济订购量、安全库存等设立采购量，采购量的最小数量须事先与厂商协议。

7. 采购组应在进货验收单上每日查核应送的物品。如发现过期而未到的订购单，应立即查询货品延误的原因，并催促尽快发货。

任务二 货物编码

为保证物流配送中心的物流作业准确而迅速地进行，在入库作业中必须对货物进行清楚有效的编号。

【实训目标】

通过实训学生了解商品编码的方法，掌握流水编号法、分组编号法、实际意义编号法和暗号编号法。

【实训相关知识】

为了让后续入库作业能够迅速、准确地进行，并保证货物品质及作业水准，在入库作业阶段必须对货物进行清楚有效的编号。编号是将货物按其分类，进行有次序的编排，用简明的文字、符号或数字代替货物的名称、类别及其他有关信息的一种方式。通常对货物编号采用以下几种方法。

1. 流水编号法

流水编号法是最简单的编号方法。由阿拉伯数字 1 或英文字母 A 开始编号，按数字顺序或字母顺序一直编下去，属于延展式方法。但要配合编号索引，否则无法直接理解编号意义。

例1：

编号	货物名称
1	白酒
2	葡萄酒
3	果汁
……	……
N	奶制品

例2：

编号	货物名称
A	白酒
B	葡萄酒
C	果汁
……	……
Z	奶制品

2. 分组编号法

编号由多个数字组构成，每个数字组代表货物的一种特性。至于每个数字组的位数是多少视实际需要而定，此方法目前使用尤为普遍。

例如：第一组数字代表货物的种类；第二组数字代表货物的包装；第三组数字代表货物的规格；第四组数字代表货物的供应商。

例1：

07 – 5 – 121720 – 006 表示的含义如下：

类别	包装	规格	供应商
07	5	121720	006
牛奶	利乐包	1×217ml×20	蒙牛

例2：

07 – 1 – 150010 – 005 表示的含义如下：

类别	包装	规格	供应商
07	1	150010	005
牛奶	塑料瓶	1×500ml×10	伊利

3. 实际意义编号法

在编号时，用部分或全部编号代表货物的名称、重量、尺寸、规格、分区储位和保存期限等特性。

例如：

MK – 121720 – B1 – 6M 表示的含义如下：

类别	规格	储位	保质期
MK（NN）	121720	B1	6M
牛奶	1×217ml×20	B区第一货架	6个月

4. 暗号编号法

用数字与文字组合进行编号，编号本身并不直接指明货品的实际情况，却能暗示货品的内容。

例如：

MK – 121720 – LLB – 006 表示的含义如下：

类别	包装	规格	供应商
MK	LLB	121720	006
牛奶	利乐包	1×217ml×20	蒙牛

5. 数字分段法

把数字分段，让每一段数字代表共同特性的一类商品。

例如：

1~5 预留给牙刷，6~9 预留给牙膏

编号	货物名称
1	1 支装牙刷
2	3 支装牙刷
3	6 支装牙刷
4	
5	
6	草珊瑚牙膏
7	两面针牙膏
8	
9	

【实训要求】

每位学生对本小组的每一件商品，需分别采用流水编号法、分组编号法、实际意义编号法、暗号编号法和数字分段法进行编码。

【实训地点】

本班教室。

【实训时间安排】

2 课时。

【实训工具】

不同商品包装大约 10 个、笔、纸。

【实训步骤】

1. 建立小组，每小组 6~8 人，每小组设组长 1 名。

2. 发放商品包装并分配任务。

3. 各组成员分别采用流水编号法、分组编号法、实际意义编号法、暗号编号法、数字分段法进行商品编码。

【注意事项】

1. 注意区分实际意义编号法与暗号编号法的区别。

2. 按每组人数分配货物，应保证每位学生有一个产品包装进行编号作业。

【实训评价】

表 2 – 6   商品编码能力训练评价评分表

考评人		被考评人	
考评地点			
考评内容	商品编码能力		
	具体内容	分值（分）	实际得分（分）
考评标准	商品编码知识掌握	20	
	编码作业规范	30	
	编码填写准确无误	30	
	实训态度认真	20	
合　计		100	

注：考评满分为 100 分，60~70 分为及格；71~80 分为中；81~90 分为良好；91 分以上为优秀。

【实训知识拓展】

进货制度

1. 厂商于送交货物时必须填写进货验收单一式三联，详细写明送货内容及订购单号码，连同所送的货品送到指定的收货处，并由储运组收货人员进行验收。

2. 储运组核对进货验收单与订购单无误后，在进货验收单上签章，将第一联退厂商作为送货的凭证。

3. 储运组将进货验收单的号码抄录在货品上，同时在订购单上填写进货验收单号码与收购日期。

4. 储运组根据进货验收单检查及证明下列各项：

（1）货品编号。

（2）品名规格。

（3）交货者名称。

（4）交货数量。

（5）实际接收数量。

（6）收货日期。

5. 储运组若发现送来的货品混有其他货品或其他特殊状况时，必须在进货验收单接收状况栏内写明，作为品质检验的参考。

6. 储运组在进货验收单上填入必要并核章后进行货品质量检验工作。

7. 验收注意事项：

（1）货号。

（2）品名。

（3）规格。

（4）数量、重量。

（5）包装。

（6）品质。

（7）有效日期。

（8）进价。

8. 验收无误的商品，再由储运组以彩色笔将该货品的储位于验收时书写于货品包装上，以便于存放定位。

9. 储运组于验货时如有溢收数量，应通知采购部视实际情况是否补开《进货验收单》，否则拒收。

10. 储运组应依据《进货验收单》，每日提出应交未交物品，供采购组跟催，次月5日前应提出超交、欠货资料，供采购、会计、管理部门参考。

11. 储运组将交货实况填入《厂商资料卡》交货资料各栏后办理入库手续。如验收后发现不符所需，则通知厂商进行退货处理。

12. 储运组核对货品数量与良品总数是否相符，于安排货品进入仓库后在进货验收单二至三联良品总数栏盖仓库接收章，再送至储运组主管处核章。

13. 储运组主管核章后的进货验收单第三联自存，根据良品总数转存至电脑。

14. 进货验收单第二联送会计作为付款的凭证。

任务三　办理入库手续

【实训目标】

通过实训，学生应了解办理物资入库的手续，明晰登账、立卡、建档等流程的操作，熟练掌握相应单据的填写。

【实训相关知识】

办理入库手续是完成货物入库的最后一个环节。验收合格的货物，应及时办理入库手续，建立档案并给货主签回验收单。办理入库手续流程如下：

一、立卡

入库货物堆码完毕后，应按照入库通知单所列内容逐项填写货物资料卡（又称为货卡或存卡），做到一垛一卡。可将填制的货卡直接挂在垛位上，挂放位置应明显、牢固。

二、登账

货物入库，应建立"商品保管明细账"，用于登记货物入库、出库及结存的详细情况。"商品保管明细账"采用活页账册，按货物的种类和编号顺序排列。在账页上要注明货位号和档案号，以便查对。

三、建档

将货物入库作业的全过程的相关资料证件进行整理、核对，建立资料档案，以便货物管理和保持与供应商的联系，同时也为发生争议时提供依据。

1. 档案资料的范围

（1）货物出厂时的各种凭证，技术资料。

（2）货物到达仓库前的各种凭证、运输资料。

（3）货物入库验收时的各种凭证、资料。

（4）货物保管期间的各种技术资料。

（5）货物出库和配送的各种业务凭证、资料等。

2. 建档要求

建立档案后，还需对档案进行编号（包括电子档案号、载体编号），建档工作应遵循下列要求：

（1）一物（票）一档。

（2）统一编号，并在档案上注明货位号。同时在"商品保管明细账"上注明档案号，以便查阅。

四、签单

仓库与送货人或承运人共同在送货人送来的交货单、交接清单上签字后各方留存相应单证。入库单、验收单、残损单、事故报告应由送货人或承运人签名。

【实训要求】

1. 准确、熟练地掌握办理物资入库的手续。

2. 能正确填写入库单、储位分配单实物保管明细账、货物状态卡、进销存卡。

【实训地点】

本班教室。

【实训时间安排】

2 课时。

【实训工具】

笔、入库通知单、储位分配表、入库单（如表 2-7 所示）、货物保管明细账（如表 2-8 所示）、货物状态卡（如表 2-9 所示）、进销存卡（如表 2-10 所示）。

表 2-7   入库单

时间：   编号：

项次	品名	规格	供应商	货品编号	单位	储位	预计进货数量	实际进货数量

主管：   经办人：

表 2-8   货物保管明细账

存放地点_____   品　　名_____
计量单位_____   型号规格_____

年		凭证		摘要	单价	收入数量	金额	发出数量	金额	结存数量	金额
月	日	字	号								

续 表

年		凭证		摘要	单价	收入数量	金额	发出数量	金额	结存数量	金额
月	日	字	号								

表 2-9　　　　　　　　　　　　　　　　货物状态卡

待　检	合　格	隔　离
供应商名称_____	供应商名称_____	供应商名称_____
图号_____	图号_____	图号_____
名称_____	名称_____	名称_____
进货日期/批号/生产日期____	进货日期/批号/生产日期____	进货日期/批号/生产日期____
标记日期：____年____月____日	标记日期：____年____月____日	标记日期：____年____月____日
标记人_____	标记人_____	标记人_____
备注_____	备注_____	备注_____

表 2-10　　　　　　　　　　　　　　　　进销存卡

品名_____　　　　　　　　　　　　　　　　规格_____

年		摘要	收入数量	发出数量	结存数量
月	日				

【实训步骤】

1. 建立小组，每小组 6~8 人，每小组设组长 1 名，组长到教师处领取整套单证，分发给每位组员。

2. 每小组根据入库通知单，编制入库单。

3. 货物验收合格后，仓管员编制储位分配表。

— 29 —

4. 货物入库之后，每小组编写并完成实物保管明细账。

5. 每小组编写并完成货物状态卡。

6. 每小组根据相应情况填写进销存卡。

7. 其他组成员对演练同学给予分析和评价。

8. 由实训教师对实训效果进行总结和评价。

【注意事项】

1. 熟悉每个角色的工作职责，严格按训练程序进行。

2. 规范、认真、熟练地填写各种交易单据。

3. 工作要做到认真、仔细和准确。

【实训评价】

表 2 – 11 　　　　　　办理入库手续能力训练评价评分表

考评人		被考评人	
考评地点			
考评内容	办理入库手续能力		
考评标准	具体内容	分值（分）	实际得分（分）
	训练工作态度	15	
	表单填写准确、清晰	20	
	入库单汇总无误	30	
	货物保管账填写无误	20	
	立卡、建档流程准确	10	
	流程所需时间	5	
合　计		100	

注：考评满分为100分，60~70分为及格；71~80分为中；81~90分为良好；91分以上为优秀。

【实训知识拓展】

入库货物必备的凭证

1. 入库通知单及订货合同副本。

2. 供货单位提供的质量证明书或合格证、装箱单、磅码单及发货明细表等。

3. 承运单位提供的运单、残损情况记录。

4. 货物入库登账。

项目三　储存保管

任务一　货物堆码

【实训目标】

　　学生通过此环节的实训，了解货物堆码的要求，理解货物堆码的原则，掌握货物堆码的方法。

【实训相关知识】

　　堆码又称为堆垛，就是根据商品的包装形状、重量和性能特点，结合地面负荷、储存时间，将商品分别堆码成各种垛形。适合大批量、单一品种的货物。

一、货物堆码的原则

　　（1）面向通道，重下轻上。

　　（2）尽可能向高处码放。

　　（3）同一品种在同一地方保管，根据出库频率选定位置。

　　（4）便于识别、点数。

　　（5）依据包装形状、重量和性能特点安排堆码方法。

二、码垛的基本要求

　　1. 合理

　　垛形必须适合商品的性能特点，不同品种、型号、规格、牌号、等级、批次、产地、单价的商品，均应该分开堆垛，以便合理保管，并要合理地确定堆垛之间的距离和走道的宽度，以便装、卸搬运和检查。垛距一般为 0.5～0.8m，主要通道为 2.5～4m。

　　2. 牢固

　　货垛必须不偏不斜，不歪不倒，不压坏底层的商品和地坪，与屋顶、梁柱、照明灯、墙壁保持一定距离，确保堆垛牢固安全。垛与屋顶之间的距离，不小于 0.5m；垛与库房立柱之间的距离，不小于 0.2m；垛与照明灯具之间的距离，不小于 0.5m；垛与外墙之间的距离，不小于0.5m（内墙0.3m）。

3. 定量

每行每层的数量力求成整数，过秤商品不成整数时，每层应该明显分隔，标明重量，以便于清点发货。

4. 整齐

垛形有一定的规格，各个垛排列整齐有序，包装标志一律朝外。

5. 节约

堆垛时考虑节省货位，提高仓库利用率。

三、货物堆码基本方式

1. 重叠式堆码（如图3-1、图3-2所示）

重叠式堆码的各层排列方式完全相同，稳定性较差，作业效率高，适合占地面积大、较硬的板型货物及扁平箱装物。

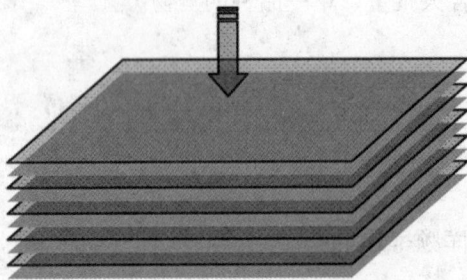

图3-1 重叠式堆码示意

图3-2 重叠式堆码实例

2. 纵横交错式堆码（如图3-3、图3-4所示）

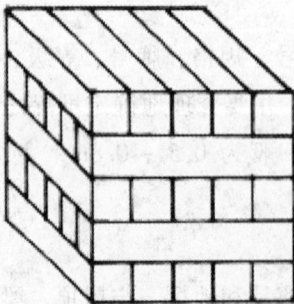

图3-3 纵横交错式堆码示意

图3-4 纵横交错式堆码实例

纵横交错式堆码是指奇数层的货物与偶数层的货物成90°，交叉堆码，其稳定性好。适合长短一致的管材、棒材及狭长的箱装货物或长短一致的规则扁平包装的货物，例如成捆的钢筋。

3. 仰伏相间式堆码（如图3－5、图3－6所示）

仰伏相间式堆码是针对上下两面有大小差别或凹凸的物品，如槽钢、钢轨等，将物品仰放一层，再将物品反过来伏放一层，仰伏相向相扣。

图3－5　仰伏相间式堆码示意

图3－6　仰伏相间式堆码实例

4. 压缝式堆码（如图3－7、图3－8所示）

压缝式堆码是应用最多的一种堆码形式，适合正方体和长方体、较高箱装或桶状货物，例如线材、卷板、卷纸及桶装货物。

图3－7　压缝式堆码示意

图3－8　压缝式堆码实例

5. 宝塔式堆码（如图3－9所示）

图3－9　宝塔式堆码示意

宝塔式堆码是在4件货物中心堆码，逐层缩小。适用于体积大的货物，多用于外贸货场、大型港口。

6. 通风式堆码（如图3-10所示）

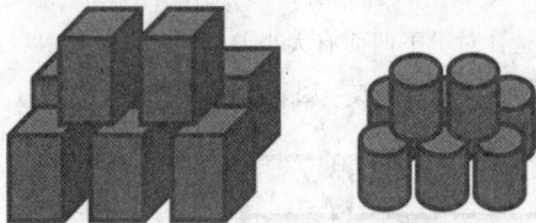

图3-10 通风式堆码示意

7. 栽柱式堆码（如图3-11、图3-12所示）

栽柱式堆码是在货垛两旁，各栽2~3根木柱或钢管，将货物平铺在柱中，每层或每隔几层在两侧对应的柱子上用铁丝拉紧。多用于露天货场，适合细长货物，如钢管、木材等。

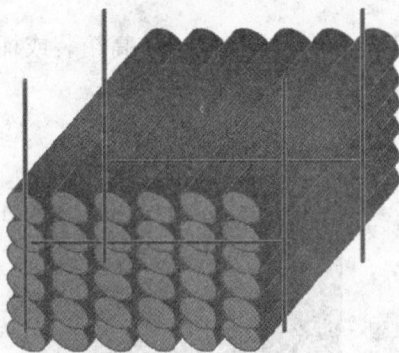

图3-11 栽柱式堆码示意

图3-12 栽柱式堆码实例

8. 衬垫式堆码（如图3-13所示）

此方法是在重叠式堆码的基础上，在每隔一二层之间夹进衬垫（如木板或薄钢板），利用衬垫来牵制本层商品，以增强货垛的稳固性，使货物能一层层稳定堆垛；适合于较大体积的裸装机器设备。

【实训要求】

1. 要求学生一丝不苟地进行练习。

2. 学生分别用重叠式堆码、纵横交错式堆码、仰伏相间式堆码、压缝式堆码、宝塔式堆码及通风式堆码6种方式练习商品堆码。

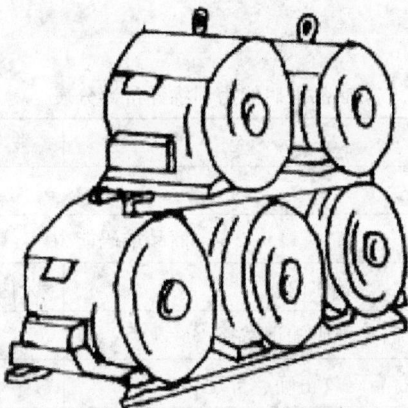

图 3 - 13 衬垫式堆码示意

【实训地点】

校物流实训中心。

【实训时间安排】

4 课时。

【实训工具】

50cm × 12cm × 36cm 包装箱 30 只、57cm × 38cm × 22cm 包装箱 30 只、57cm × 31cm × 20cm 包装箱 30 只、53cm × 47cm × 34cm 包装箱 30 只、68cm × 40cm × 30cm 包装箱 30 只、46cm × 29cm × 37cm 包装箱 30 只。

【实训步骤】

1. 建立小组，每小组 6~8 人，每小组设组长 1 名。

2. 教师介绍重叠式堆码、纵横交错式堆码、仰伏相间式堆码、压缝式堆码、宝塔式堆码及通风式堆码 6 种商品堆码方式的要点和注意事项。

3. 教师演示重叠式堆码、纵横交错式堆码、仰伏相间式堆码、压缝式堆码、宝塔式堆码及通风式堆码 6 种商品堆码方式。

4. 分小组练习用重叠式堆码、纵横交错式堆码、仰伏相间式堆码、压缝式堆码、宝塔式堆码及通风式堆码 6 种方式进行商品堆码。

【注意事项】

1. 应根据不同品种产品适用的方式堆垛。

2. 堆垛时应严格遵守堆垛原则。

3. 注意遵守"五距"的要求。

4. 遵守纪律，注意安全。

【实训评价】

表 3-1　　　　　　　　　商品堆码能力训练评价评分表

考评人			被考评人	
考评地点				
考评内容	商品堆码能力			
考评标准	具体内容	分值（分）	实际得分（分）	
	商品堆码知识掌握	20		
	商品码放正确、合理	50		
	安全可靠的工作过程	20		
	商品堆码体会	10		
合　计		100		

注：考评满分为100分，60~70分为及格；71~80分为中；81~90分为良好；91分以上为优秀。

【实训知识拓展】

垛形通常有：平台垛（如图3-14所示）、起脊垛、立体梯形垛（如图3-15所示）、行列垛、井形垛、梅花形垛（如图3-16所示）。

图3-14　平台垛

图3-15　立体梯形垛

图3-16　梅花形垛

任务二　托盘堆码

【实训目标】

学生通过此环节的实训，了解货物托盘的种类，掌握货物托盘堆码的方法。

【实训相关知识】

托盘是最基本的物流器具，有人称其为"活动的平台""可移动的地面"。它是静态货物转变成动态货物的载体，是装卸搬运、仓储保管以及运输过程中均可利用的工具，与叉车配合利用，可以大幅度提高装卸搬运效率；用托盘堆码货物，可以大幅度增加仓库利用率；托盘一贯化运输，可以大幅度降低成本。托盘的利用最初始于装卸搬运领域，现在，托盘单元化包装、托盘单元化保管、托盘单元化装卸搬运、托盘单元化运输处处可见，整个物流系统活动中，小小的托盘发挥出巨大的威力。

一、托盘的类型

1. 平托盘

平托盘几乎是托盘的代名词，只要一提托盘，一般都是指平托盘而言，因为平托盘使用范围最广，利用数量最大，通用性最好。平托盘又可细分为以下3种类型：

（1）根据台面分类：有单面形、单面使用型、双面使用型和翼型4种。

（2）根据叉车叉入方式分类：有单向叉入型、双向叉入型、四向叉入型3种。

（3）根据材料分类：有木制平托盘（如图3－17所示）、金属平托盘（如图3－18所示）、塑料制平托盘（如图3－19所示）、复合材料平托盘以及纸制托盘（如图3－20所示）5种。

据中国物流与采购联合会托盘专业委员会（筹），2002年9月对300多家托盘生产企业、托盘使用及销售企业进行初步调查的结果，目前我国拥有的各种类型托盘总数为5000～7000万片，可能远不止此数，每年产量递增2000万片左右。其中木制平托盘约占90%，塑料平托盘占8%，钢制托盘、复合材料托盘以及纸制托盘合计占2%。复合材料平托盘和塑料托盘上升比例较大。

2. 柱式托盘

柱式托盘分为固定式和可卸式两种，其基本结构是托盘的4个角有钢制立柱，柱子上端可用横梁连接，形成框架型。柱式托盘的主要作用，一是利用立柱支撑重量物，往高叠放；二是可防止托盘上放置的货物在运输和装卸过程中发生塌垛现象。

图 3 – 17　木质托盘

图 3 – 18　金属托盘

图 3 – 19　塑料托盘

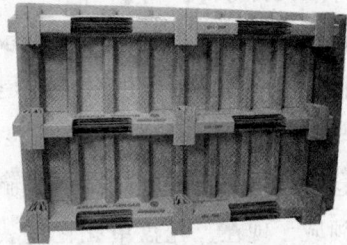

图 3 – 20　纸质托盘

3. 箱式托盘

箱式托盘是四面有侧板的托盘，有的箱体上有顶板，有的没有顶板。箱板有固定式、折叠式、可卸下式 3 种。四周栏板有板式、栅式和网式，因此，四周栏板为栅栏式的箱式托盘也称笼式托盘或仓库笼。箱式托盘防护能力强，可防止塌垛和货损；可装载异型不能稳定堆码的货物，应用范围广。

4. 轮式托盘

轮式托盘与柱式托盘和箱式托盘相比，多了下部的小型轮子。因而，轮式托盘显示出能短距离移动、自行搬运或滚上滚下式的装卸等优势，用途广泛，适用性强。

5. 特种专用托盘

由于托盘作业效率高、安全稳定，尤其在一些要求快速作业的场合，突出利用托盘的重要性，所以各国纷纷研制了多种多样的专用托盘，这里仅举几个例子。

（1）平板玻璃集装托盘：也称平板玻璃集装架，分许多种类。有 L 形单面装放平板玻璃单面进叉式，有 A 形双面装放平板玻璃双向进叉式，还有吊叉结合式和框架式等。运输过程中托盘起支撑和固定作用，平板玻璃一般都立放在托盘上，并且玻璃还要顺着车辆的前进方向，以保持托盘和玻璃的稳固。

（2）轮胎专用托盘：轮胎的特点是耐水、耐蚀，但怕挤、怕压，轮胎专用托盘较好地解决了这个矛盾。利用轮胎专用托盘，可多层码放，不挤不压，大大地提高装卸和储存效率。

（3）长尺寸物托盘：这是一种专门用来码放长尺寸物品的托盘，有的呈多层结构。物品堆码后，就形成了长尺寸货架。

（4）油桶专用托盘：是专门存放、装运标准油桶的异型平托盘。双面均有波形沟槽或侧板，以稳定油桶，防止滚落。优点是可多层堆码，提高仓储和运输能力。

二、托盘堆码方式

箱形货物的托盘堆码一般有 4 种方式，即简单重叠式、正反交错式、纵横交错式和旋转交错式堆码。

1. 重叠式

重叠式堆码即各层码放方式相同，上下对应，如图 3 - 21、图 3 - 22 所示。箱与箱的交接应为正面与正面衔接，侧面与侧面衔接，箱与箱之间不留空隙。层与层之间的货物箱平行，货物箱的四个角边重叠，方向相同。这种方式的优点是，工人操作速度快，包装货物的四个角和边重迭垂直，承载能力大。缺点是各层之间缺少咬合作用，容易发生塌垛。在货物低面积较大的情况下，采用这种方式具有足够的稳定性，如果再配上相应的紧固方式，则不但能保持稳定，还可以保留装卸操作省力的优点。适用于自动堆码。

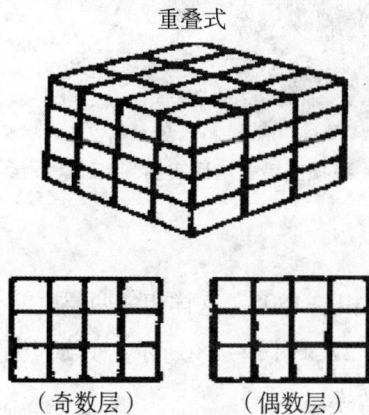

重叠式

（奇数层）　　（偶数层）

图 3 - 21　重叠式堆码示意　　　　　　图 3 - 22　重叠式堆码实例

2. 正反交错式（砖砌体式）

同一层种，不同列的货物以 90 度垂直码放，相邻两层的货物码放形式是另一层旋转 180° 的形式，如图 3 - 23、图 3 - 24 所示。这种方式类似于建筑上的砌砖方式，不同层间咬合强度较高，相邻层之间不重缝，因而码放后稳定性较高，但操作较为麻烦，且包装体之间不是垂直面相互承受载荷，所以下部货物容易压坏。适用于轻质货物。

3. 纵横交错式

相邻两层货物的摆放旋转 90°，一层横向放置，另一层纵向放置，每层间有一定的咬合效果，但咬合强度不高，如图 3 - 25、图 3 - 26 所示。适用于正方形堆码和自动堆码。

— 39 —

正反交错式

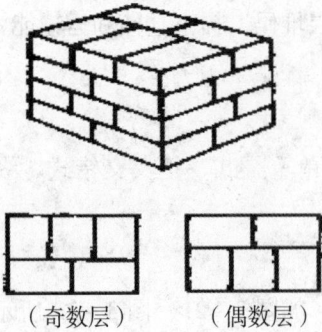

（奇数层）　　　（偶数层）

图 3 - 23　正反交错式堆码示意

图 3 - 24　正反交错式堆码实例

纵横交错式

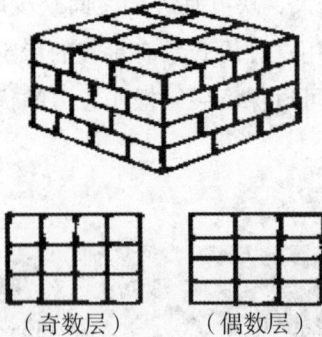

（奇数层）　　　（偶数层）

图 3 - 25　纵横交错式堆码示意

图 3 - 26　纵横交错式堆码实例

4. 旋转交错式（中心留空交错式）

第一层相邻的两个包装体互为 90°，两层间码放又相差 180°，这样相邻两层之间互相咬合交叉，货体的稳定性较高，不易塌垛，如图 3 - 27、图 3 - 28 所示。其缺点是，码放的难度较大，且中间形成空穴，降低托盘的利用效率。

旋转交错式

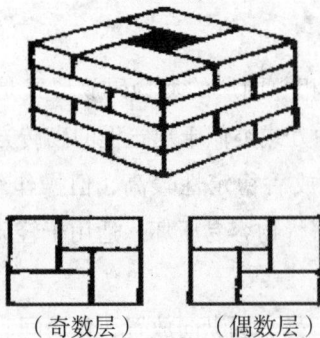

（奇数层）　　　（偶数层）

图 3 - 27　旋转交错式堆码示意

图 3 - 28　旋转交错式堆码实例

【实训要求】

1. 要求学生一丝不苟地进行练习。

2. 学生分别用重叠式、正反交错式、纵横交错式及旋转交错式 4 种方式练习托盘堆码。

【实训地点】

校物流实训中心。

【实训时间安排】

2 课时。

【实训工具】

106cm×128cm 塑料托盘 6 个、70cm×70cm 木质托盘 6 个、50cm×12cm×36cm 包装箱 20 只、57cm×38cm×22cm 包装箱 20 只、57cm×31cm×20cm 包装箱 20 只、53cm×47cm×34cm 包装箱 20 只。

【实训步骤】

1. 建立小组，每小组 6~8 人，每小组设组长 1 名。

2. 教师介绍重叠式、正反交错式、纵横交错式及旋转交错式 4 种托盘堆码方式的要点和注意事项。

3. 教师演示重叠式、正反交错式、纵横交错式及旋转交错式 4 种托盘堆码方式。

4. 分小组练习用重叠式、正反交错式、纵横交错式及旋转交错式四种方式进行托盘堆码。

【注意事项】

1. 商品码放时注意安全。

2. 应根据货物性质及包装特点选用合适的托盘堆码方式。

【实训评价】

表 3-2　　　　　　　　　　托盘堆码能力训练评价评分表

考评人			被考评人	
考评地点				
考评内容	托盘堆码能力			
考评标准	具体内容		分值（分）	实际得分（分）
	托盘堆码知识掌握		20	
	托盘上商品码放正确、合理		60	
	托盘堆码体会		20	
合　计			100	

注：考评满分为 100 分；60~70 分为及格；71~80 分为中；81~90 分为良好；91 分以上为优秀。

【实训知识拓展】

托盘的规格

规定为：0.8m×1.2m、1.2m×0.8m、1m×1.2m、1.2m×1m、1.219m×1.106m、1.106m×1.219m、1.140m×1.140m，共7种。此外，关于托盘标准，我国还有：GB/T 3716—2000 托盘术语，GB/T 16470—1996 托盘包装，GB/T 15234—1994 塑料平托盘，GB/T 4996—1996 联运通用平托盘试验方法，GB/T 4995—1996 联运通用平托盘性能要求等国家标准。近年，我国已出现了1.1m×1.1m的托盘，这也是一种新趋势。

任务三 盘点库存货物

【实训目标】

学生通过本项目的实训，能了解和掌握如何进行货物盘点作业。

【实训相关知识】

一、货物盘点

盘点是指定期或临时对库存货物的实际数量进行清查、清点的作业。即为了掌握货物的入库、在库、出库的流动状况，对仓库现有物品的实际数量与保管账上记录的数量相核对，以便准确地掌握库存数量。

二、盘点内容

1. 查数量

通过点数计数查明货物在库的实际数量，核对库存账面资料与实际库存数量是否一致。

2. 查质量

检查在库货物质量有无变化，有无超过有效期和保质期，有无长期积压等现象，必要时还必须对货物进行技术检验。

3. 查保管条件

检查保管条件是否与各种货物的保管要求相符合。

4. 查安全

检查各种安全措施和消防器材是否符合安全要求，建筑物和设备是否处于安全状态。

三、盘点后工作

1. 填写盘点表

根据盘点结果填写盘点表，如有货物损溢、变质、残损，还应填写货物损溢表、货物残损变质报告表。

2. 核账

将盘点记录表上的实盘数据与账目、进销存卡核对。

3. 分送

将盘点表分送财务、业务及统计部门。

4. 调账

根据审批后的盘点表调整实物账、进销存卡。

四、盘点差异分析

如果发生盘盈盘亏，一般可能是以下一些原因导致。

（1）盘点计数错误，发生漏盘、重盘和错盘。

（2）由于保管不善或工作人员失误造成物资的短缺、损毁、霉烂、变质。

（3）度量衡器欠准确或使用方法错误产生数量差异。

（4）自然损耗造成物资数量差异，应考虑盈亏数量是否在定额损耗范围内。

（5）记账错误、原始单据丢失或登账不及时产生的数量差异。

（6）由于贪污、盗窃、丢失等造成的物资损失。

（7）因物资包装而产生的差错。

五、盘点结果处理

1. 盘盈处理

查明原因后，应在盘点表中分别标明盘盈的物资名称、规格、数量、单价、金额及原因，报批后入账。

2. 盘亏处理

查明原因后，应予以迅速处理，办理调整物资账、卡手续，提出预防措施，防止以后再发生。

3. 价格差异处理

物资盘点时，有时会产生价格上的增减，这些差异经主管部门审核后，需用物资盘点盈亏及价格增减更正表修改。

【实训要求】

1. 服从教师安排。

2. 爱护实训中心设施，文明操作。

3. 遵守实训中心规章制度，保持课堂纪律，不大声喧哗。

【实训地点】

校物流实训中心。

【实训时间安排】

2 课时。

【实训工具】

模拟库房、货物若干、笔、盘点记录表样本（如表 3 - 3 所示）、货物溢缺折损一览（如表 3 - 4 所示）。

表 3 - 3　　　　　　　　　　　　　　盘点记录表样本

盘点日期：

序号	物资编号	品名	规格	单位	初盘数量	复盘数量	确认数量	备注

初盘员签名：　　　　　　　　　　　　　　复盘员签名：

表 3 - 4　　　　　　　_____年度_____月份货物溢缺折损一览

货号	名称	单价	上期结存数量	本期结存数量	溢缺数量		溢缺原因	盘点人	复核人	备注
					溢/缺	数量				

【实训步骤】

1. 建立小组，每小组 6～8 人，每小组设组长 1 名。

2. 回顾盘点的常用方法及要点。

3. 组长将手工盘点表发放给每位小组成员并为他们各划分一个盘点区域。

4. 小组成员对自己负责区域进行盘点，填制盘点表，如有溢缺则需填制商品溢缺表。

5. 小组成员对对应成员负责区域进行复盘。

6. 组长收回手工盘点表及商品溢缺表，并将各组员的盘点数及复盘数汇报给教师进行核对。

7. 教师进行点评并总结。

【注意事项】

实习前应认真预习盘点操作要点。

【实训评价】

表 3 – 5 盘点操作能力训练评价评分表

考评人		被考评人	
考评地点			
考评内容	盘点作业能力		
考评标准	具体内容	分值（分）	实际得分（分）
	盘点知识掌握	20	
	熟练进行盘点操作	60	
	实训态度认真、细致	20	
合　计		100	

注：考评满分为100分，60～70分为及格；71～80分为中；81～90分为良好；91分以上为优秀。

【实训知识拓展】

盘点方式

根据盘点的要求不同，有多种盘点方法，如异动盘点法、循环盘点法及全面盘点法。异动盘点法是指对物流配送中心在某个时间段内有库存变化的货物或储位进行盘点。循环盘点是指对物流配送中心的货物分区或分品类进行盘点。全面盘点是指对物流配送中心的所有货物进行盘点。

项目四　订单处理作业

订单处理作业在配送中心的业务中占有十分重要的地位，是保证配送服务质量的基本条件。订单处理是由接到客户订货开始至准备拣货之间的作业阶段，处理流程如图4-1所示。

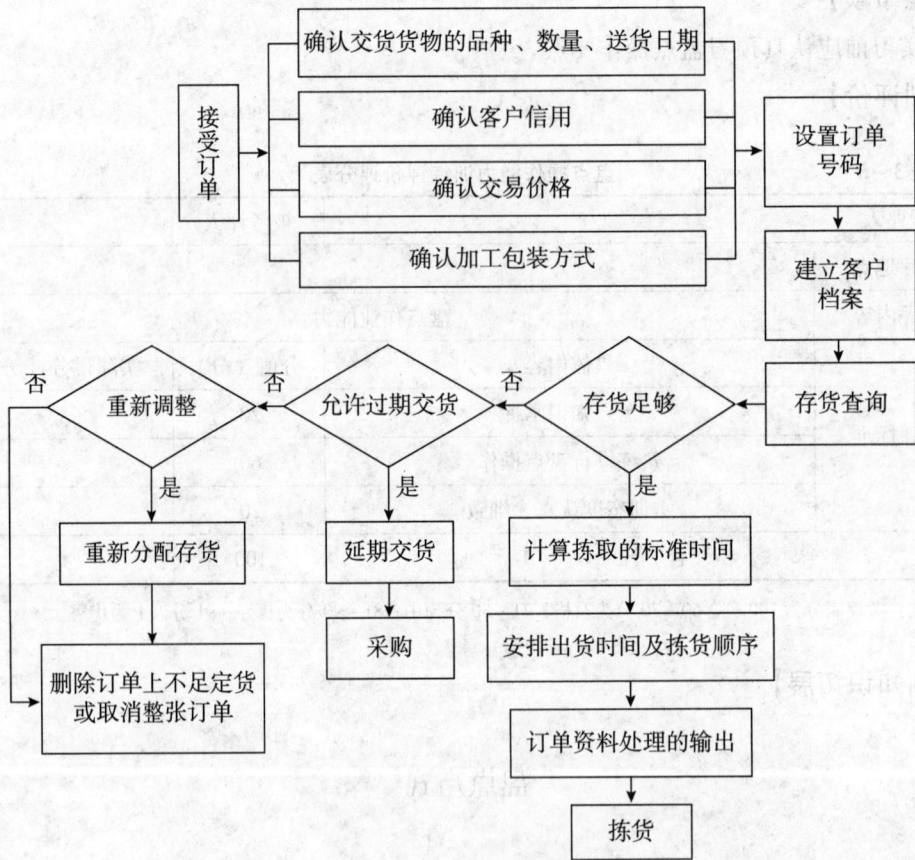

图4-1　订单处理作业流程

任务一 接受订货

【实训目标】

学生通过本项目的实训，能熟练识别区分各类订单，学会采用恰当、得体的方式接待客户，提高客户满意度。

【实训相关知识】

配送中心在接受订货过程中，由于交易形式不同导致客户所下的订单有多种，分别为一般订单、现销式订单、间接订单、合约式订单、寄存式订单及兑换券订单，而不同的订单处理的方式方法也不同，如表4-1所示。

表4-1 不同类别订单作业方式

订单类别	交易类别	作业方式
一般订单	一般的交易订单，接单后按正常的作业程序拣货、出货、配送	接单后，将资料输入订单处理系统，按正常的订单处理程序处理，资料处理完后进行拣货、出货、配送、收款等作业
现销式订单	与客户当场直接交易、直接给货的交易订单	订单资料输入后，货品已交给客户，故订单资料不再参与拣货出货配送等作业，只需记录交易资料，以便收取应收款项；或现场将货款结清，返回配送中心后进行入账处理
间接交易订单	客户向物流中心订货，但由供应商直接配送给客户的交易订单	接单，将客户的出货资料传给供应商由其代配。需要将配送中心出货单与供应商的送货单核对，视为事后入库
合约式交易订单	客户签订配送契约的交易，如签订某期间内定时配送某数量商品的合约	输入合约内容的订货资料并设定各批次送货时间，以便在约定日期来临时系统自动产生送货的订单资料
寄存式交易订单	客户因促销、降价等市场因素而先行订购某数量商品，根据需求再要求出货的交易	当客户要求配送寄库商品时，系统查询客户确实有此项寄库商品，出货时扣除商品的寄库量
兑换券交易订单	客户用兑换券兑换商品的配送出货	系统应核查客户是否确实有此兑换券回收资料，按兑换券兑换的商品及兑换条件予以出货，并应扣除客户的兑换券回收资料

【实训要求】

1. 每小组制定一般订单、现销订单、合约订单、寄存订单各若干份。

2. 每个小组成员需制定两份订单，每人下达的订单公司名称即以下单员的人名命名。

3. 每一张订单订货种类 2~5 种，每种货的订货数在 100 个以下。

4. 客户所在区域：东湖区、西湖区、昌北区、青云谱区。

5. 价格要求：制单员自定，但同种产品的价格小组内必须统一。

6. 1 组对 2 组，3 组对 4 组，5 组对 6 组，以此类推。

【实训地点】

本班教室。

【实训时间安排】

6 课时。

【实训工具】

笔、公司产品名称、订货单样本（如表 4-2 所示）。

相关产品名称：

产品 A：1、2、3、4、5、6、7、8、9、10、11、12、13。

产品 B：1、2、3、4、5、6、7、8、9、10、11、12、13。

产品 C：1、2、3、4、5、6、7、8、9、10、11、12、13。

产品 D：1、2、3、4、5、6、7、8、9、10、11、12、13。

表 4-2　　　　　　　　　　订购单样本

年　月　日

No：

客户：　　　　　　　地址：　　　　　　　电话：

序号	产品编号	产品名称	规格	单位	数量	单价	合计

交货时间							
交货地点							
注意事项				交易条款			

核准：　　　　审核：　　　　经办：

注：本单一式二联。

【实训步骤】

1. 建立小组，每小组 6~8 人，每小组设组长 1 名。

2. 每小组编制一般订单、现销订单、合约订单、寄存订单各若干份。

3. 小组成员扮演顾客向对应组成员下达订单，同时又扮演成企业员工负责接受对应组成员下达的订单。

4. 比较小组中各个成员接待顾客时采用的方法及行为举止，指出不同方法的优缺点，由其他组成员评选出该小组中最优方法及最佳表现者。

5. 由实训教师对实训效果进行总结和评价。

【注意事项】

1. 在模拟训练过程中，学生要严肃认真，按组长分配任务下单，表单的内容要全面，填写任务要准确无误。

2. 小组成员应变换不同的模拟场景，采用不同的对话方式，并注意比较各种方式的优缺点。

3. 对于订单中非常重要的内容，需要跟客户重新核实沟通。

4. 小组成员在演练接待客户时应注意礼貌礼仪。

【实训评价】

表4-3　　　　　　　　　　接收订单能力训练评价评分表

考评人		被考评人	
考评地点			
考评内容	接收订单能力		
考评标准	具体内容	分值（分）	实际得分（分）
	训练工作态度	20	
	表单填写准确、清晰	25	
	客户满意	20	
	客户服务方式合理	35	
合　计		100	

注：考评满分为100分，60~70分为及格；71~80分为中；81~90分为良好；91分以上为优秀。

【实训知识拓展】

接收客户订货有传统订货和电子订货两种方式。传统订货方式是人工输入资料，容易在输入和输出间产生时间耽搁和差错。传统订货方式具体有厂商补货、厂商巡货、隔日送货、口头订货、传真订货、邮寄订单、跑单接单等方法。电子订货是指电子传递方式取代人工书写、输入、传送的订货方法，即将订货资料转为电子资料，由通信网络传递。电子订货方式通常有订货簿与终端机配合（EOS）、销售时点管理系统（POS）、订货应用系统3种做法。

任务二　生成本企业订单

【实训目标】

学生通过本项目的实训，能熟练、正确汇总客户订单，对客户的订单进行恰当的分批分类。

【实训相关知识】

一、订单处理原则

订单处理是配送服务的第一个环节，也是配送服务质量的根本保证。订单处理过程中，应遵循以下基本原则。

1. 尽量缩短订货周期

订货周期是指从客户发出订单到收到货物所需的全部时间。客户下单后，要及时处理，保证客户满意。

2. 尽量避免缺货现象

避免缺货是维持客户忠诚的关键之一。缺货将会影响客户的生产和经营，导致客户流失。如果仓库中缺货，应及时想办法解决，尽量避免缺货现象发生。

3. 提供紧急订货

在客户紧要关头及时帮助解决问题，能与客户建立长远的关系。

4. 尽量满足客户对包装的要求

严格按客户的要求进行包装，针对不同客户的货物包装要求采用不同的包装。

5. 不忽视小客户

对小客户订单的恰当处理，可以帮助企业与客户之间建立稳定的供销关系，为将来的继续订购打下良好的基础。

二、存货分配模式

订单资料输入系统确认无误后，需要对大量的订单资料进行有效的汇总分类和调拨库存，以便后续的配送作业流程能有效地进行。存货的分配通常有两种方式：单一订单分配方式和批次分配方式。

1. 单一订单分配方式

单一订单分配，此种方式多为线上即时分配，即在输入订单资料的同时就将存货分配给该订单。

2. 批次订单分配方式

批次订单分配方式是累积汇总订单资料后再分配库存。一般配送中心订单数量多，客户类型不同，通常采用批次订单分配方式以确保对库存能做到最佳分配。采用批次订单分配方式，应注意批次的划分方法，即订单的分配原则。

（1）一般分配原则。由于各物流配送中心规模不同，作业不同，可能采用的分配原则也各不相同，概括来说有以下几种方法：按接单时间顺序划分、按配送区域路径划分、按流通加工要求不同划分及按送货车辆要求不同划分等方法。

（2）库存不足时的分配原则。若订单的某种商品总出货量大于可分配的库存量时，可依据具有特殊优先权的客户订单优先分配、订单交易量或交易额大的客户订单优先分配、对公司贡献大的客户订单优先分配、信用状况好的客户订单优先分配四个原则来决定客户分配的优先性。

【实训要求】

1. 每小组按客户所在区域汇总对应小组下达的客户订单各一份。

2. 每个小组组长根据小组成员制定的区订单汇总表编制总订单汇总表。

3. 客户所在区域：东湖区、西湖区、昌北区、青云谱区。

4. 1组对2组，3组对4组，5组对6组，以此类推。

【实训地点】

本班教室。

【实训时间安排】

2课时。

【实训工具】

笔、区域订单汇总表、订单汇总总表。

【实训步骤】

1. 建立小组，每小组6~8人，每小组设组长1名。

2. 选择订单分类标准。

3. 组长安排分配小组成员对客户订单进行数据汇总和整理，编制各区域订单汇总表各1份，并协助教师监督检查小组成员区域订单汇总表的准确性。

4. 小组长编制出本组订单总汇总表1份。

5. 对比各小组成员编制工作的细致程度和工作效率。

6. 由实训教师对实训效果进行总结和评价。

【注意事项】

1. 在模拟训练过程中，学生态度应严肃认真，按组长分配任务编制汇总表，填写任务要准确无误。

2. 表单产品任务、数据多，汇总过程必须认真细致，否则极易漏统和错统。

3. 各小组应选择合适的标准对订单进行分类汇总。

【实训评价】

表4-4   生成企业订单能力训练评价评分表

考评人		被考评人	
考评地点			
考评内容	生成订单能力		
考评标准	具体内容	分值（分）	实际得分（分）
	训练工作态度	20	
	订单数据汇总无误	35	
	编制迅速	25	
	小组分工合理	20	
合　计		100	

注：考评满分为100分，60~70分为及格；71~80分为中；81~90分为良好；91分以上为优秀。

【实训知识拓展】

建立客户档案应包括以下内容：客户名称、代号、等级，客户信用额度，客户销售付款及折扣率的条件，开发或负责此客户的业务员，客户配送区域，客户收账地址，客户点配送路径顺序，客户点送货车辆形态、客户配送其他要求，延迟订单的处理方式。

任务三　存货不足的处理

【实训目标】

学生通过本项目的实训，能熟练掌握分配后存货不足的各种处理方式，并学会针对不同类型客户的订单采用恰当的存货不足处理方式。

【实训相关知识】

如果现有的存货数量无法满足客户的需求，而客户又不愿意以替代品替代时，则应按照客户意愿与公司的政策决定处理方式。一般配送中心对存货不足的处理具体有以下几种。

1. 重新调整

如果客户不允许过期交货，而公司也不愿失去此客户订单时，则有必要重新调整分配订单。

2. 补送

如果客户允许不足额的订货在有货时再补送，且公司政策也允许，则采用补货方式。如果客户允许不足额的订货或整张订单留待下一次订货时一起配送，则也可以采用补货处理。

3. 删除不足额部分

如果客户允许不足额的订货在有货时再补送，且公司政策不允许分批出货，则只好删除订单上的不足额商品。如果客户不允许过期交货，且公司无法重新调整时，则可采用删除不足额商品。

4. 延迟交货

延迟交货根据延迟的时间不同可分为有时延迟交货和无时延迟交货。有时延迟交货是指客户允许延期一段时间后交货，且希望所有订单一起配送。无时延期交货则是指不论需要等多久，客户都允许过期交货，且希望所有订货一起送达，那么等待所有订货到达后再出货。

5. 取消订单

如果客户希望所有订单一起配送到达，且不允许过期交货，而公司也无法重新调整时，则只有将整张订单取消。

【实训要求】

1. 每个小组成员都需演练对丁订货不足的处理。

2. 每个小组组员都需填写拣货单、送货单和补货单，且填写清楚、准确。

3. 1 组对 2 组，3 组对 4 组，5 组对 6 组，以此类推。

【实训地点】

本班教室。

【实训时间安排】

2 课时。

【实训工具】

笔、各类产品库存情况（如表 4-5 所示）、商品缺货表样本（如表 4-6 所示）、拣货单样本（如表 4-7 所示）、送货单样本（如表 4-8 所示）、补货单样本（如表 4-9 所示）。

表 4-5　各类产品库存情况

品名	1	2	3	4	5	6	7	8	9	10	11	12	13
产品 A	203	278	289	356	132	290	155	143	276	121	368	198	179
产品 B	150	160	187	294	372	266	158	138	197	396	234	153	142

续　表

品名	1	2	3	4	5	6	7	8	9	10	11	12	13
产品 C	354	141	125	142	165	356	311	264	132	156	133	134	131
产品 D	134	134	112	253	132	236	256	121	221	231	123	111	245

表 4 – 6　　　　　　　　　　　　商品缺货表样本

制表人：

产品名称	客户名称	客户购买数量	库存数量	缺货情况

表 4 – 7　　　　　　　　　　　　拣货单样本

拣货单编号			用户订单编号	
用户名称				
出货日期			出货货位号	
拣货时间	年　月　日　时　分至　时　分		拣货人	
核查时间	年　月　日　时　分至　时　分		核查人	

序号	储位编码	商品名称	规格型号	商品编码	数量（包装单位）			备注
					托盘	箱	单件	
1								
2								
3								
4								
5								
6								
7								

表 4 – 8 　　　　　　　　送货单样本

收货单位				送货人员			
送达地点				送货时间			
发运物品详细内容							
货物名称	型号	规格	单位	数量	单价	总额	备注
有关说明							
收货方验收情况	验收人		收货方负责人签字		负责人		公章
	日期				日期		

说明：此送货单一式三联，第三联送财务办理结算用，第二联送仓储部提货用，第一联为货到目的地后用作签收，并由送货人员带回交给部门主管。

表 4 – 9 　　　　　　　　补货单样本

类别		补货时间				本单编号	
项次	存放储位	品名	货品编号	货源储位	单位	需要数量	实发数量

【实训步骤】

1. 建立小组，每小组 6~8 人，每小组设组长 1 名。

2. 根据企业订单的内容，检查库存情况。

3. 小组成员选择 1 位对应组成员共同演练存货不足的处理方法。

4. 其他组成员对演练同学给予分析和评价。

5. 各组分别编制企业内部单据，如拣货单、送货单和补货单。

6. 实训教师对实训效果进行总结和评价。

【注意事项】

1. 在模拟训练过程中，学生态度应严肃认真，与客户沟通时应讲究礼貌礼节。

2. 填写表单应细心、细致。

【实训评价】

表4-10   存货不足处理能力训练评价评分表

考评人		被考评人	
考评地点			
考评内容	存货不足处理能力		
考评标准	具体内容	分值（分）	实际得分（分）
	训练工作态度	20	
	存货不足处理方式恰当	35	
	下单准确迅速	30	
	客户满意	15	
合　计		100	

注：考评满分为100分，60~70分为及格；71~80分为中；81~90分为良好；91分以上为优秀。

【实训知识拓展】

订货数量的确定

　　配送业务中保持一定的存货，其目的是调节供给与配送需求的矛盾，但不适当的存货往往造成货物的极大损失。如果订购数量过多，则货物的在库成本增加，若订购数量太少，货物则有可能供应间断，且订购次数势必增加，也提高了订购成本。尤其对于流通速度极快但客户订货需求无法事前预测的销售型配送中心，存货数量的控制极为重要。配送中心订购数量可以根据以往经验来确定，也可以按经济订货批量模型计算。

项目五　拣货作业

　　配送中心接收到的每张客户的订单都至少包含一项以上的商品，将这些不同种类、不同数量的商品由配送中心仓库中取出并集中在一起，就是拣货作业。一般来说，拣货成本占物流成本的绝大部分，如果要降低物流成本，首先应改进拣货作业，才能达到事半功倍的效果。

　　拣货作业可分为按订单拣货、批量拣货和复合拣货3种模式。

【实训目标】

　　学生通过本项目的实训，能了解按订单拣货模式与按批量拣货模式的使用范围及其优、缺点，理解拣货单填写时所需要的信息内容及拣货作业的流程，掌握拣货单的编写，熟悉电子标签拣货系统软件的基本操作，掌握操作要领，及时、快速地拣取货物。

【实训相关知识】

一、拣货模式概述

1. 按订单拣货模式拣货

　　按订单拣货是指针对每张订单，拣货员巡回于仓库内，将订单上的商品按数量要求逐一从仓库中挑出集中的拣货模式，也称之为"摘取法"或"摘果法"，是较传统的一种拣货模式，其优缺点如表5-1所示。

表5-1　　　　　　　　　　　　按订单拣货的优缺点

优　点	缺　点
1. 作业方法简单 2. 订单处理及时 3. 作业人员责任明确，易于分工 4. 拣货后不需要进行分类工作	拣货品种多时，拣货行走路线长，降低拣取效率

　　按订单拣货作业流程如图5-1所示。

2. 按批量拣货模式拣货

　　按批量拣货是将多张订单集合成一个批次，按商品种类将数量汇总后再进行拣取，

```
     ┌─────────────┐
     (  领取拣货资料  )
     └──────┬──────┘
            │
            ▼
     ┌─────────────┐
     │   行走或搬运   │
     └──────┬──────┘
            │
            ▼
     ┌─────────────┐
     │  按客户订单拣货 │
     └──────┬──────┘
            │
            ▼
     ┌─────────────┐
     │     集中     │
     └─────────────┘
```

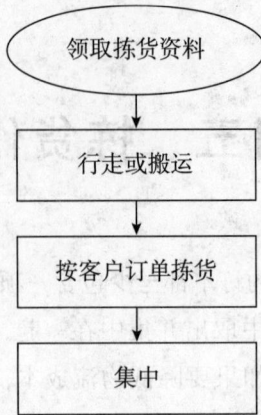

图 5 - 1　按订单拣货作业流程

然后按客户订单分别再进行分货处理的拣货方式，也称之为"播种法"。按批量拣货的优缺点如表 5 - 2 所示。

表 5 - 2　　　　　　　　　　按批量拣货的优缺点

优　点	缺　点
1. 一次拣出商品总量，缩短拣取时行走的距离，增加单位时间内的拣货量 2. 分货作业形成对批量拣货总量的核查，提高拣货正确率 3. 适合订单数量庞大的配送中心	1. 对订单无法作出及时处理 2. 拣货后，由于需要分货，增加了作业环节，出货时间延长

按批量拣货作业流程如图 5 - 2 所示。

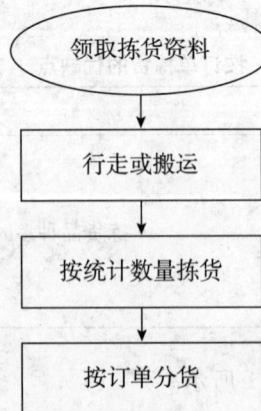

```
     ┌─────────────┐
     (  领取拣货资料  )
     └──────┬──────┘
            │
            ▼
     ┌─────────────┐
     │   行走或搬运   │
     └──────┬──────┘
            │
            ▼
     ┌─────────────┐
     │  按统计数量拣货 │
     └──────┬──────┘
            │
            ▼
     ┌─────────────┐
     │   按订单分货   │
     └─────────────┘
```

图 5 - 2　按批量拣货作业流程

3. 两种拣货方式比较（见表5-3）

表5-3   按订单拣货模式拣货与按批量拣货模式拣货比较

按订单拣货模式拣货	按批量拣货模式拣货
1. 拣货弹性大，临时调整容易	1. 拣货弹性小，调整能力较小
2. 适合少量多样订货，订货大小差异较大	2. 适合少样多量订货，订货差异不大
3. 适合订单数量变化频繁，有季节性趋势	3. 适合订单数量稳定
4. 适合货物外形体积变化较大，货物特性差异大，分类作业较难进行的配送中心	4. 适合货物外形体积规则固定，急需流通加工的配送中心

二、电子标签拣货系统

1. 电子标签拣货系统构成

电子标签拣货系统（简称 CAPS）是由主控计算机控制一组安装在货架储位上的电子标签装置，借助上面的信号灯信号和显示屏上的数字来引导拣货人员正确、快速地拣货，如图5-3所示。标准型电子标签的面板由信号灯、LED 显示屏和按键构成。按键分为双键式和三键式，其中双键式只有确认键和缺货键，三键式则由确认键与可调整数量的上、下键构成，如图5-4所示。

图5-3 电子标签拣货系统

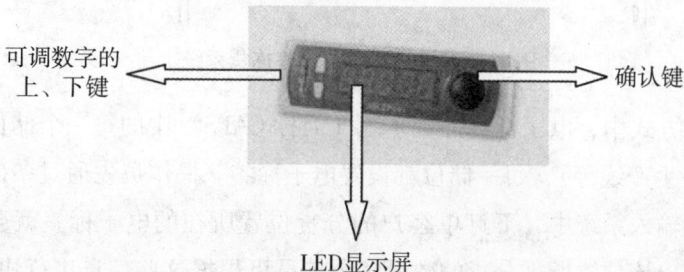

可调数字的
上、下键 ←   → 确认键

LED显示屏

图5-4 标准型电子标签面板

2. 电子标签拣货系统的作业流程

（1）输入订单资料并进行处理。

（2）订单资料传送至货架上的电子标签。

（3）电子标签的 LED 显示屏显示出拣货数量。

（4）拣货人员按照电子显示屏指示拣货。

（5）拣货后按确认键，拣货完成。

作业流程如图 5-5 所示。

图 5-5　电子标签拣货系统作业流程

3. 电子标签拣货系统种类

电子标签拣货系统（简称 CAPS）按拣货的方式不同可分为摘果式和播种式。

对于摘果式拣货方式，电子标签拣货系统（简称 CAPS）是在拣货操作区中的所有货架上，为每一种货物安装一个电子标签，根据订单数据，发出出货指示并使货架上的电子标签亮灯（闪亮），操作员按照电子标签所显示的数量及时、准确、轻松地完成商品拣货作业，如图 5-6 所示。

图 5-6　摘果式电子标签拣货系统

播种式拣货方式中，电子标签拣货系统（简称 CAPS）中的每一个储位代表每一客户（各个商店，生产线等），每一储位都设置电子标签。操作员先通过条码扫描把将要分拣货物的信息输入系统中，下订单客户的分货位置所在的电子标签就会亮灯或发出蜂鸣，同时显示出该位置所需分货的数量，分拣员可根据这些信息进行快速分拣作业，如图 5-7 所示。

图5-7　播种式电子标签拣货系统

三、校电子标签拣货系统软件使用说明

（1）双击桌面上的"电子标签"图标，如图5-8所示。

图5-8　"电子标签"图标

进入"电子标签"主界面，如图5-9所示。

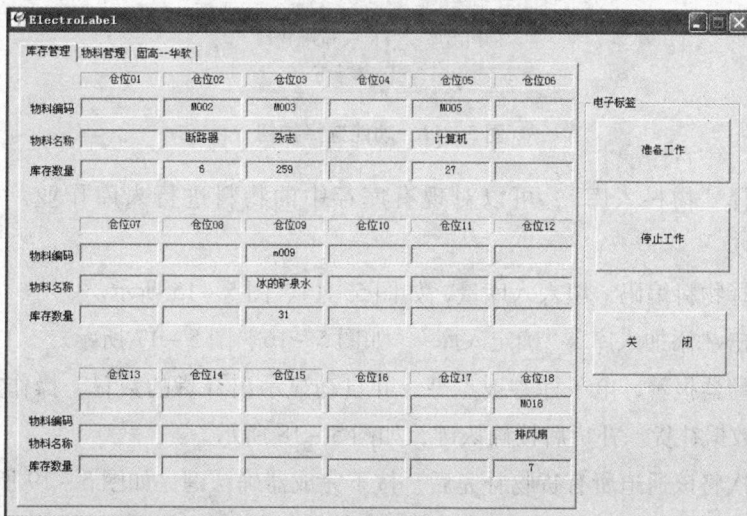

图5-9　"电子标签"主界面

（2）点击"准备工作"，"准备工作"键变暗，如图5－10所示。

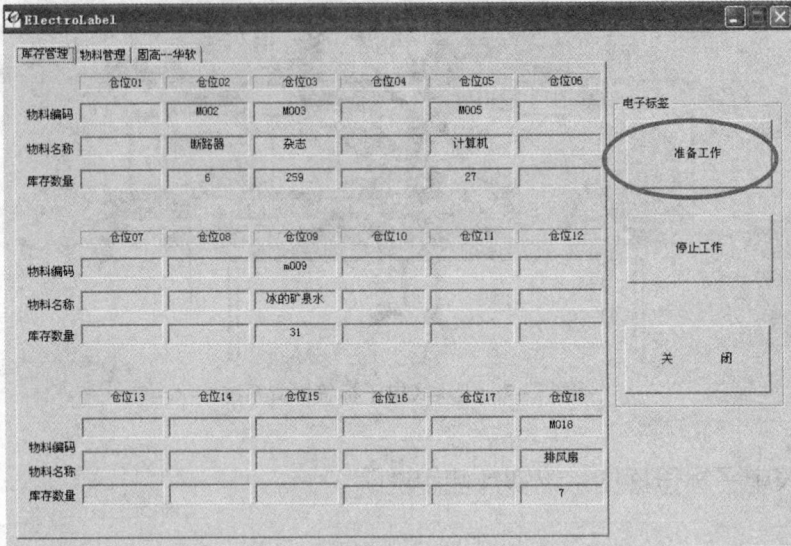

图5－10　点击"准备工作"

（3）选择"物料管理"，在功能选择处有4个功能按钮（如图5－11所示），分别代表的是：物料入库、创建物料、物料出库和删除物料。操作人员可以自由使用这4个功能新增与删除物料，并对其进行入库与出库作业操作，如图5－12所示。

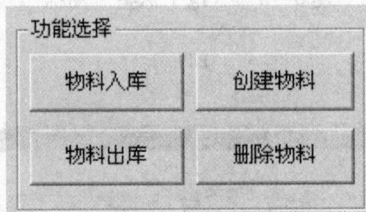

图5－11　功能选择按钮

（4）选择"物料入库"，可以对现有库存中的物料进行入库作业，如图5－13所示。

（5）选择物料编码，填入入库量，如图5－14、图5－15所示。

（6）点击"添加入库""确定入库"，如图5－16、图5－17所示。

（7）报警器报警，电子标签被点亮，并自动显示出补货的数量，操作人员按电子标签显示的数据补货。补货后按确认键，如图5－18所示。

（8）依次将该通道所有货物补完后，按下完成器确认键，如图5－19所示。

（9）选择"物料出库"，可以对现有库存中的物料进行出库作业，如图5－20所示。

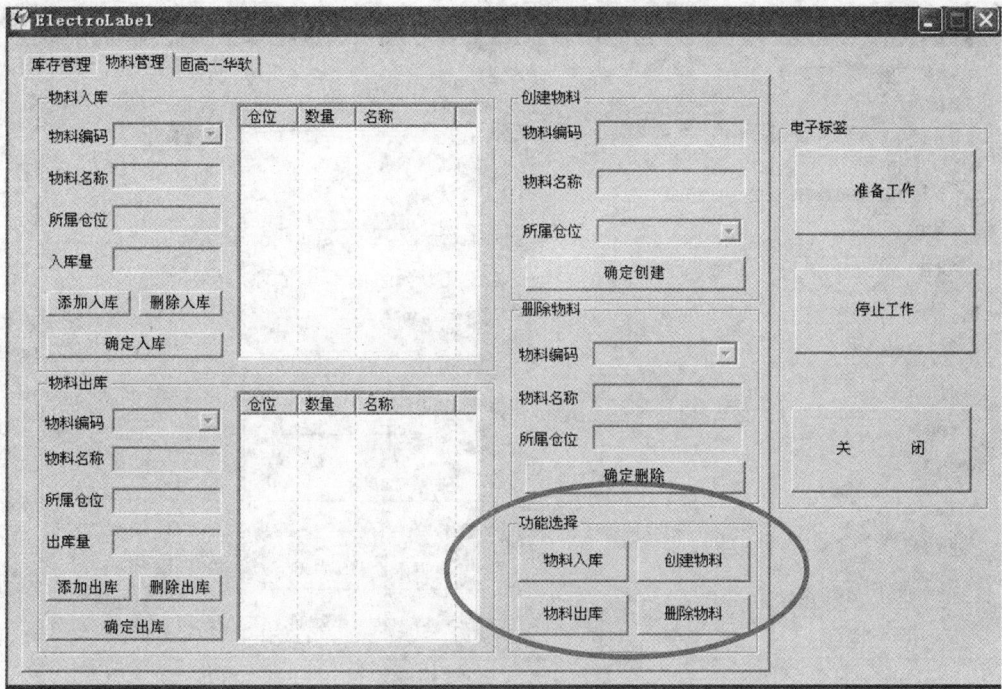

图 5-12　物料管理界面

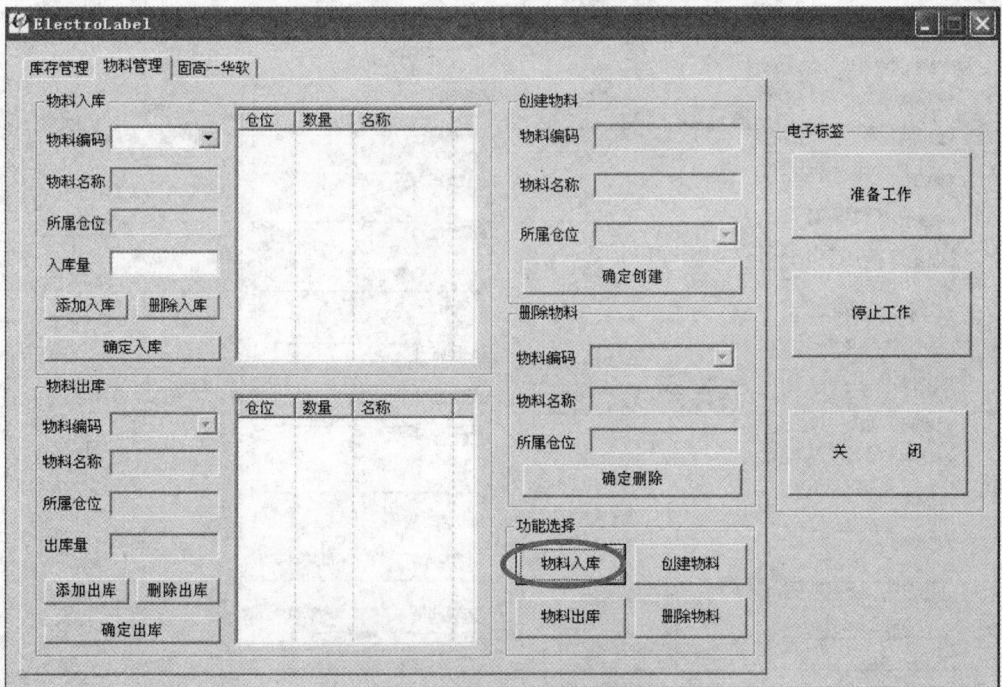

图 5-13　选择"物料入库"

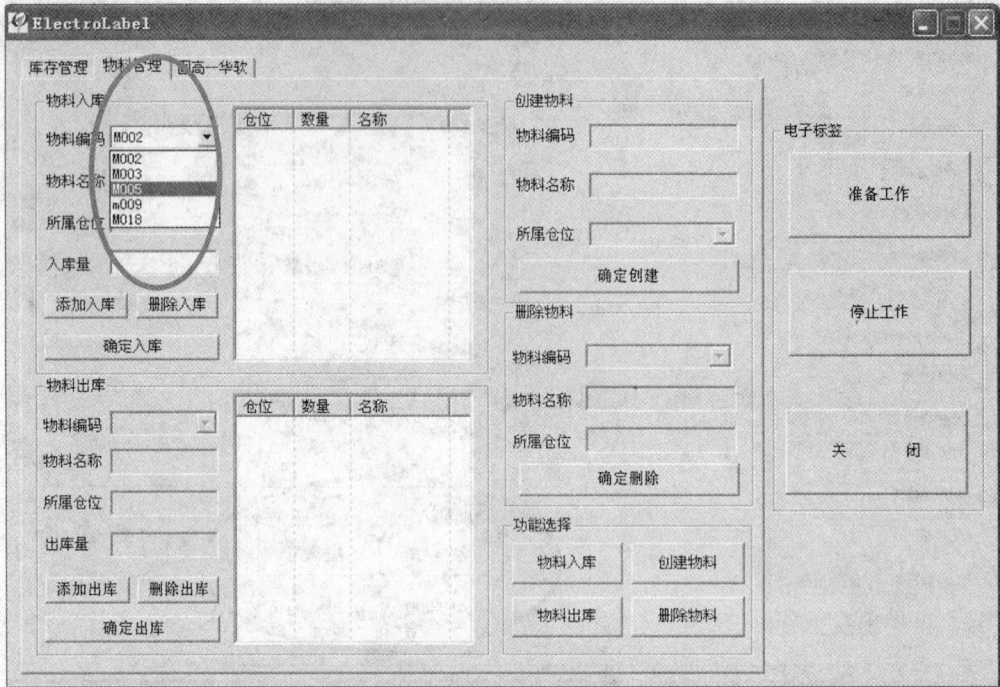

图 5 – 14　选择物料编码

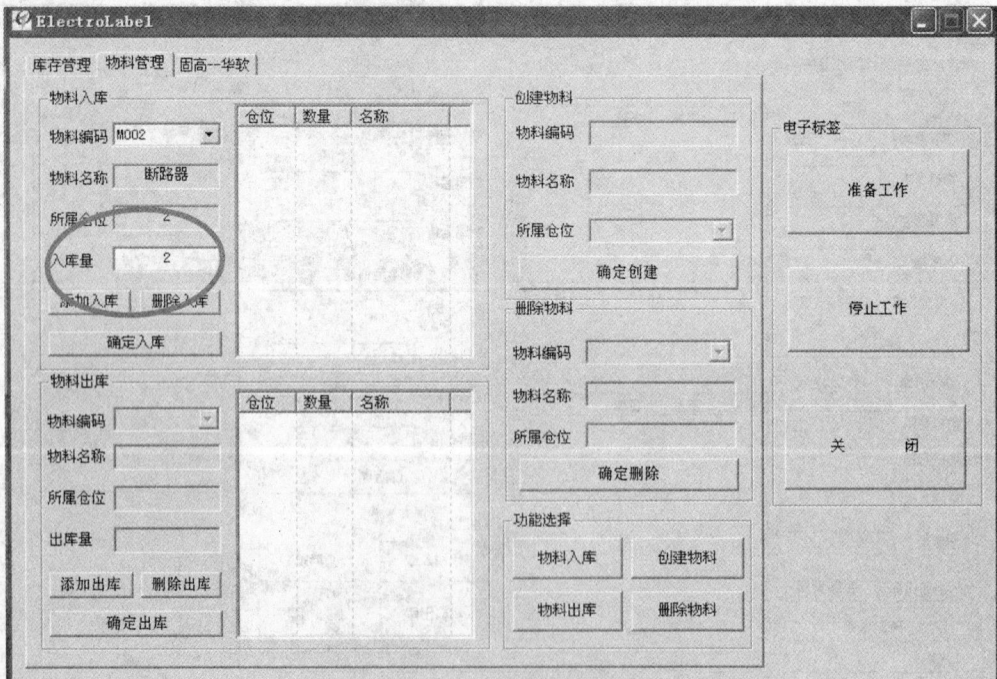

图 5 – 15　填入入库量

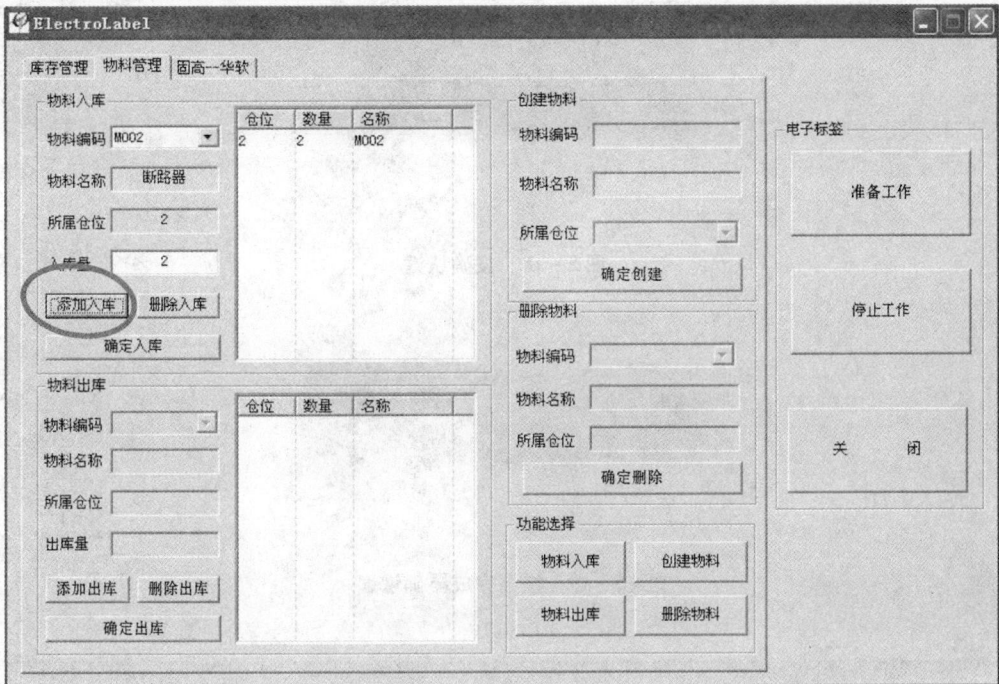

图 5 – 16　点击"添加入库"

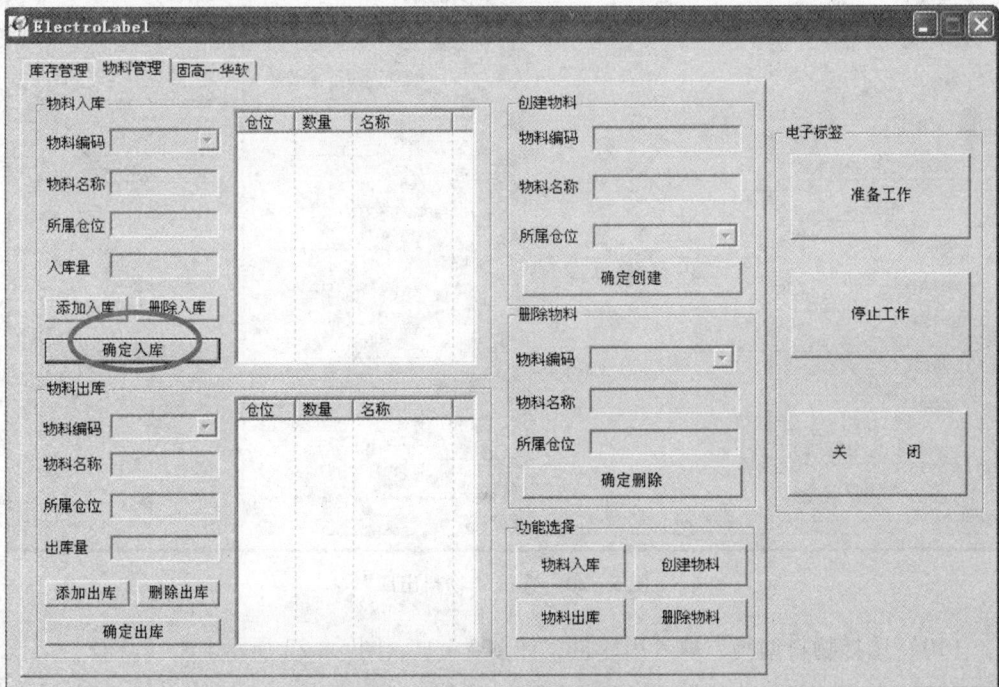

图 5 – 17　点击"确定入库"

图 5 - 18　按确认键

图 5 - 19　按下完成器确认键

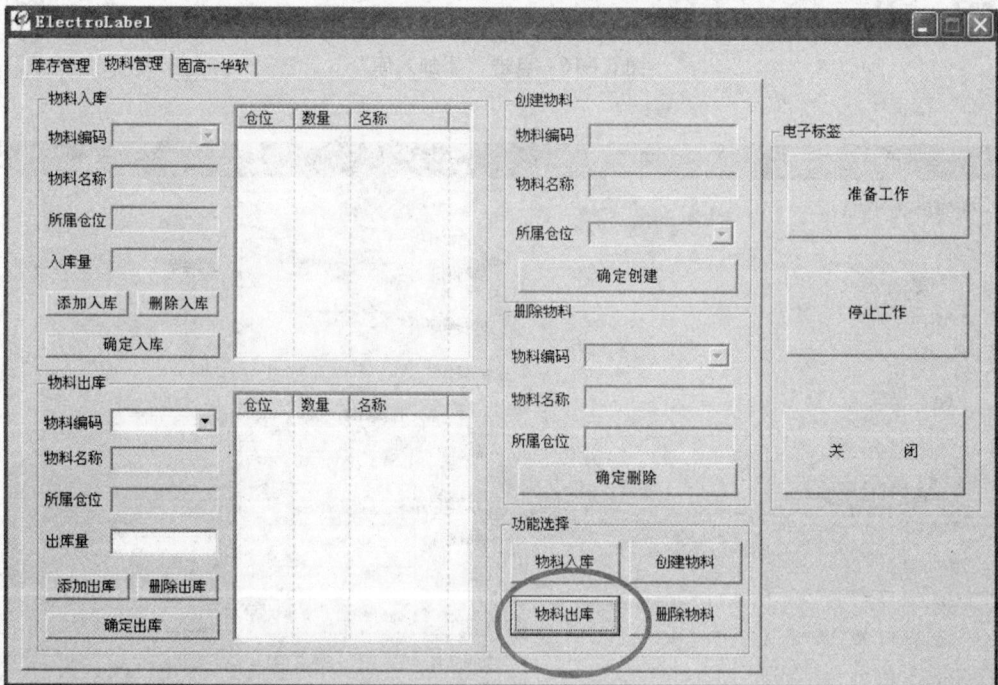

图 5 - 20　选择"物料出库"

（10）选择物料编码，填入出库量，如图 5 - 21、图 5 - 22 所示。

（11）点击"添加出库""确定出库"，如图 5 - 23、图 5 - 24 和图 5 - 25 所示。

（12）电子标签被点亮并自动显示出出库的数量（如图 5 - 26 所示），操作人员按

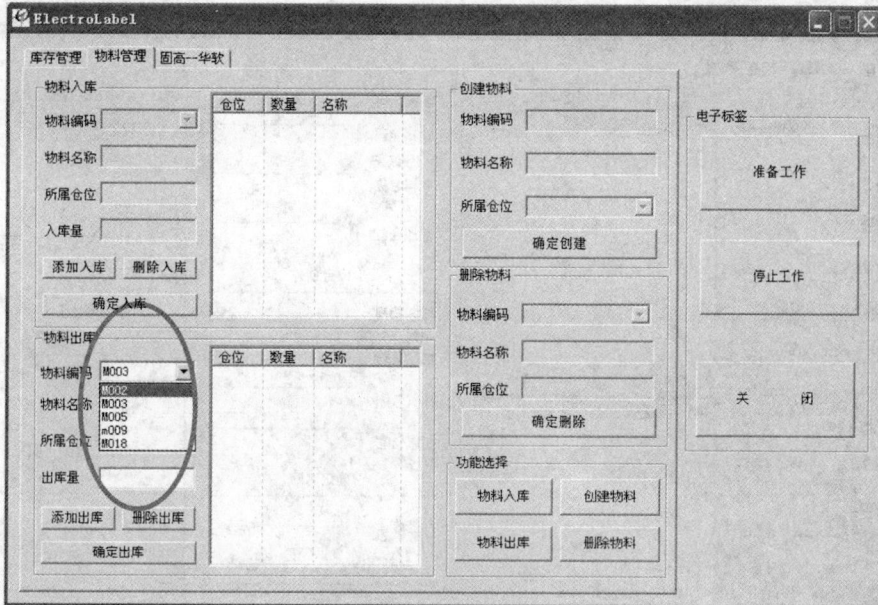

图 5 – 21 选择物料编码

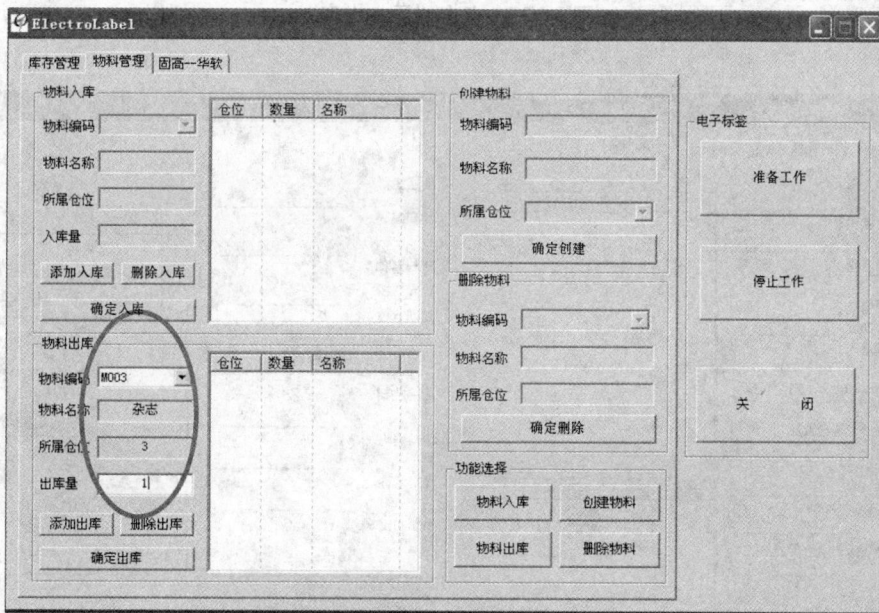

图 5 – 22 填入出库量

电子标签显示的数据拣取货物，拣完货后按确认键。依次将该通道所有货物拣取完后，按下完成器确认键，如图 5 – 27 所示。

（13）创建物料。

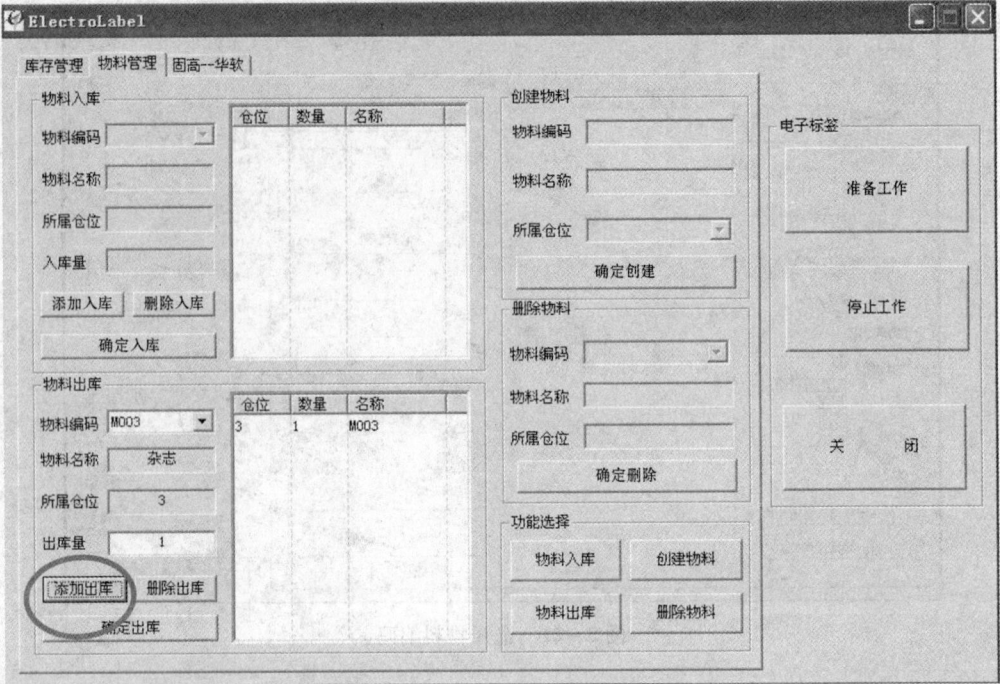

图 5 – 23　点击"添加出库"

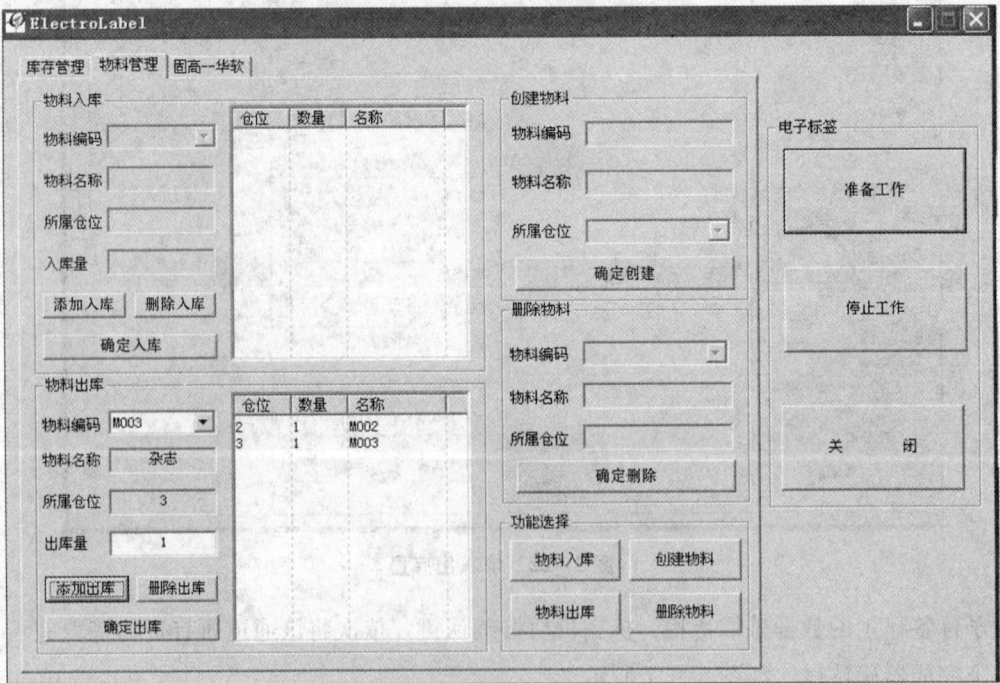

图 5 – 24　显示出库信息

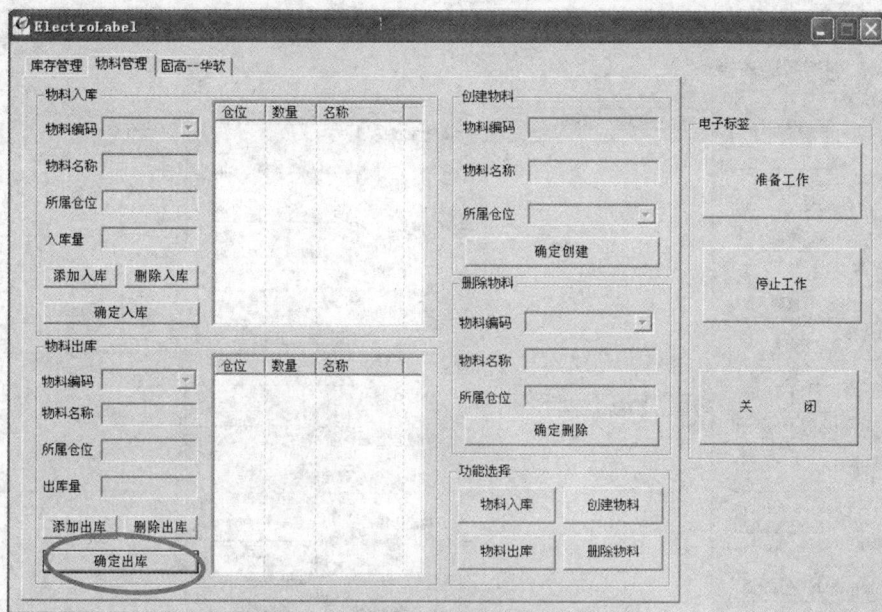

图 5 - 25　点击"确定出库"

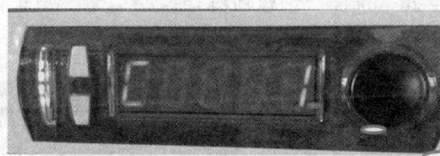

出库数量

图 5 - 26　拣完货后按确认键

完成器确认键

图 5 - 27　按下完成器确认键

①选择"创建物料",如图 5 - 28 所示。

②填写物料编码、物料名称,选择所属仓位,如图 5 - 29 所示。

③点击"确定创建"弹出"创建成功"对话框,如图 5 - 30 所示。

④点击"库存管理"进行查看,如图 5 - 31 所示。

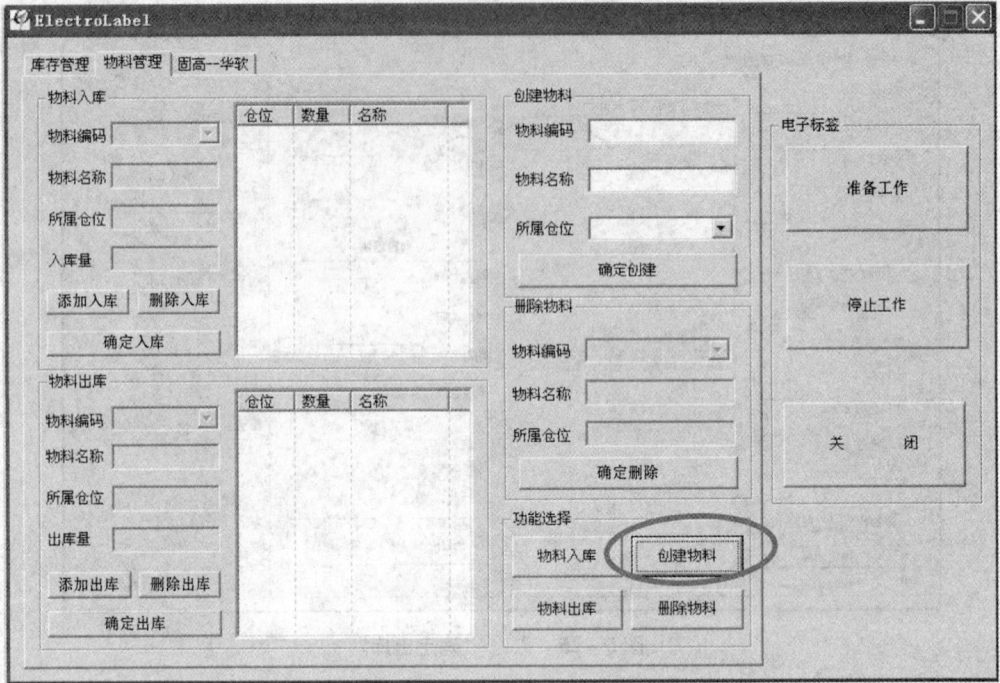

图 5-28 选择"创建物料"

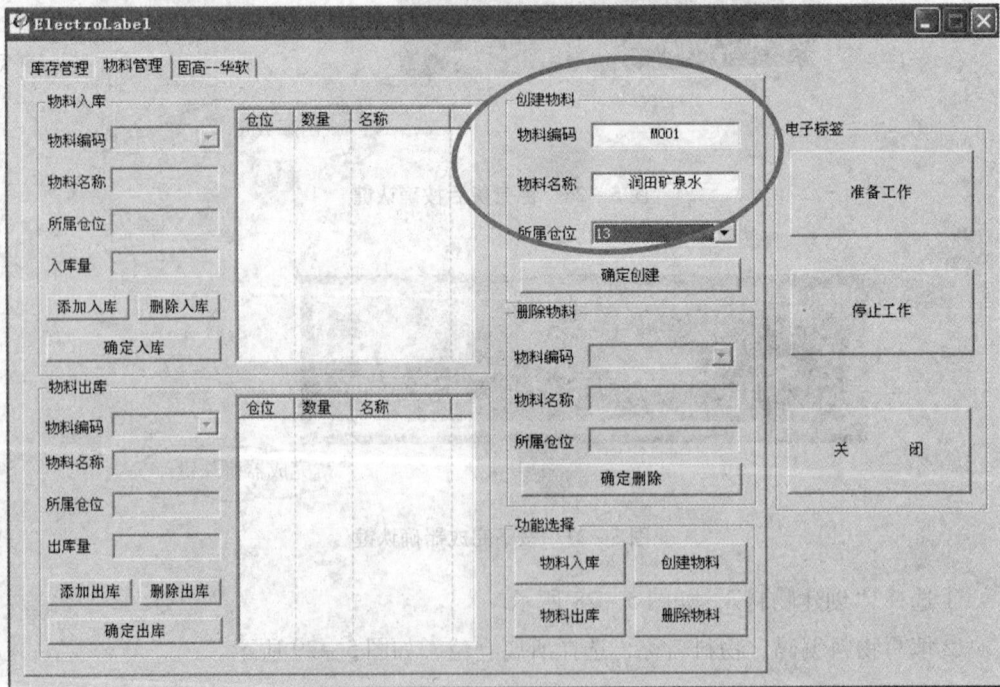

图 5-29 填写"创建物料"相关信息

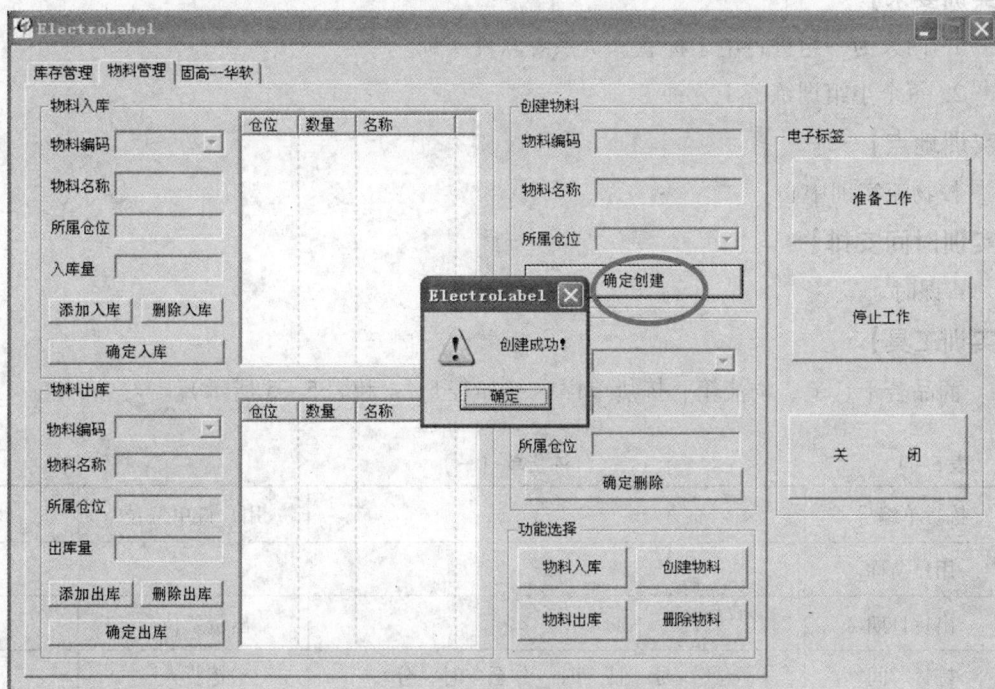

图 5-30　点击"确定创建"

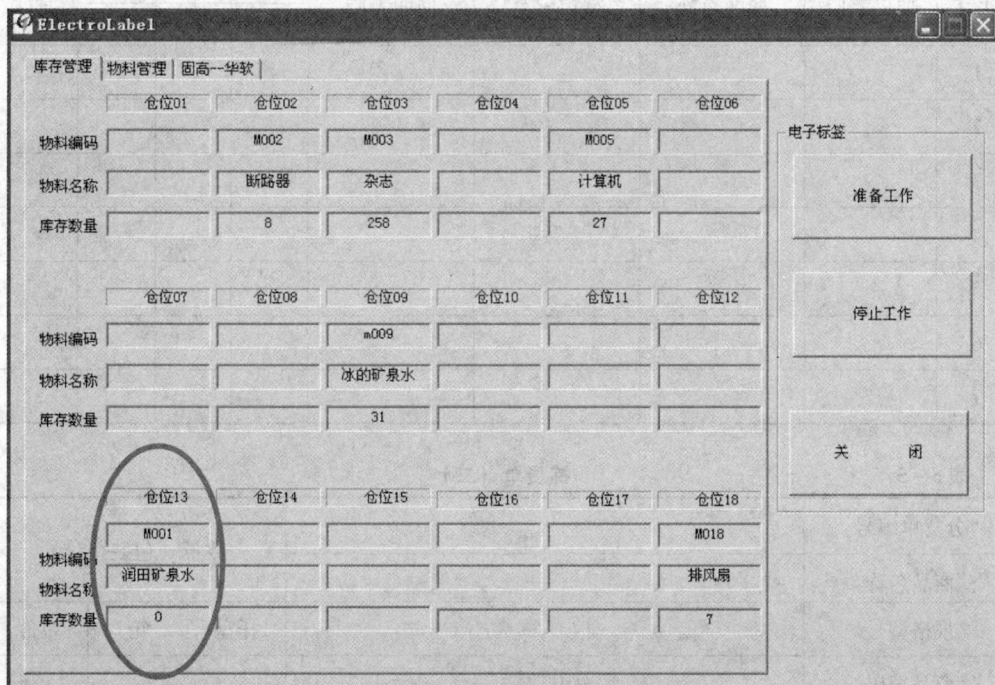

图 5-31　查看"库存管理"信息

【实训要求】

1. 两人为一组进行电子标签拣货系统软件实训。

2. 每个小组训练若干分钟。

【实训地点】

校物流实训中心。

【实训时间安排】

4 课时。

【实训工具】

商品若干、笔、物流箱、拣货单样本（如表 5-4 和表 5-5 所示）。

表 5-4   拣货单（一）

拣货单编号				用户订单编号		
用户名称						
出货日期				出货货位号		
拣货时间	年 月 日 时 分至 时 分			拣货人		
核查时间	年 月 日 时 分至 时 分			核查人		
序号	储位编码	商品名称	规格型号	商品编码	数量（包装单位）			备注

序号	储位编码	商品名称	规格型号	商品编码	托盘	箱	单件	备注
1								
2								
3								
4								
5								
6								
7								

表 5-5   拣货单（二）

分货单编号		数量（包装单位）		
商品名称				
规格型号		托盘	箱	单件
商品编码				

续　表

生产厂家			储位编码			
分货时间	年　月　日　时　分至　时　分		分货人			
核查时间	年　月　日　时　分至　时　分		核查人			
序号	订单编号	用户名称	数量（包装单位）			出货货位	备注
			托盘	箱	单件		
1							
2							
3							

【实训步骤】

1. 建立小组，每小组 6～8 人，每小组设组长 1 名；每两人为一个小分组进行软件操作实训。

2. 小组长为本小组成员的资料发放员、另两位实训同学分别扮演拣货员或补货员及信息录入员，同组其他同学则扮演检验员。

3. 拣货员或补货员从资料员处领取拣货或补货资料。

4. 拣货员或补货员领取资料后，根据货物特性选择适宜的拣货工具，使用电子标签拣货系统进行拣货及补货作业。

5. 检验员监督、检查拣货作业员整个作业过程，并对拣货作业员的作业结果进行检验。

6. 实训教师对实训效果进行总结和评价。

【注意事项】

1. 实训前做好熟悉电子标签拣货系统软件使用过程准备。

2. 爱护且不随意触碰实训中心设备设施。

3. 保持安静，不大声喧哗。

4. 不随意丢弃物品，保持地面干净整洁。

【实训评价】

表 5 – 6 　　　　　　　　按订单拣货模式拣货能力训练评价评分表

考评人		被考评人		
考评地点				
考评内容	使用电子标签拣货系统能力			
考评标准	具体内容	分值（分）		实际得分（分）
	训练工作态度	20		
	熟悉电子标签拣货系统软件	35		
	拣货过程完整	25		
	拣货迅速准确	20		
合　计		100		

注：考评满分为100分，60～70分为及格；71～80分为中；81～90分为良好；91分以上为优秀。

【实训知识拓展】

　　分拣的操作方式大致可分为人工分拣和自动化分拣两种。人工分拣是用人力以手推车为工具，将被分拣商品分送到指定的场所堆放待运。批量较大的商品则用叉车托盘作业。目前我国的仓库、配送中心基本采用人工分拣。随着科学技术的进步，如激光扫描、计算机控制和条码等高新技术应用于物流领域，使自动分拣技术朝高速化、高准确率和低分拣成本方向发展。目前，国外许多大中型配送中心都广泛使用自动分拣机开展分拣作业。

项目六　配货作业

　　配货作业是指把客户所需的商品从仓库拣取出来后，经过分类、配货检查并装入容器，做好标识，放到发货区指定的位置，以备发货。配货作业是配送的核心和特色作业环节。掌握正确的配货方法和提高配货管理，决定着配送中心的作业效率和经济效益。

　　配货作业的基本流程如图6－1所示。

```
┌──────────┐
│   分货   │
└──────────┘
     │
     ▼
┌──────────┐
│ 配货检查 │
└──────────┘
     │
     ▼
┌──────────┐
│ 捆包、包装 │
└──────────┘
     │
     ▼
┌──────────┐
│ 运到发货区 │
└──────────┘
```

图6－1　配货作业的基本流程

　　（1）分货：就是把拣货完成后的货物，按客户或配送路线进行分类的工作。

　　（2）配货检查：就是对拣送的货物的商品号码、数量、状态、品质等进行检查。

　　配货作业的基本方法分为摘取式配货方法和播种式配货方法。本教材就此两种配货方式进行详细介绍。

任务一　使用摘取式拣货方式配货

【实训目标】

　　学生通过本项目的实训，能了解使用摘取式拣货方式配货的使用范围及其优、缺点和配货检查的作业流程，掌握配货检查的方法，运用摘取式拣货方式及时、快速地配货，培养认真、细致的工作态度。

【实训相关知识】

一、摘取式拣货方式配货原理

摘取式拣货方式配货也称为订单拣取配货方式。它是根据每份客户订单的配货要求，作业员或拣选机械巡回在仓库内，按照订单或配货单所列的商品及数量，到各个商品的仓库储位（或从其他作业区中的货位）将客户所订购的商品逐一取出，将配好的货物放置到发货场所指定的位置，或直接发货后，再进行下一次的配货。一般一次只为一个客户配货。摘取式拣货方式配货原理如图4－2所示。

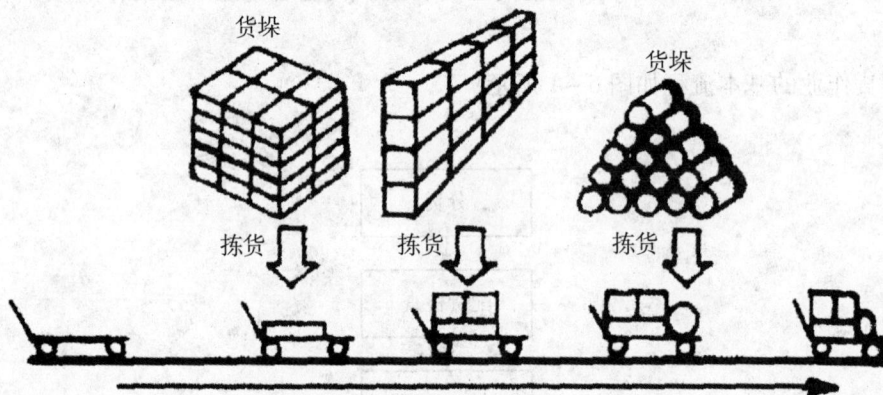

图6－2 摘取式拣货方式配货原理

二、摘取式拣货方式配货的优点

（1）配货准确率较高：由于采用按单拣选，一单一拣，所以准确率较高，不易发生差错。

（2）机动灵活：由于是一单一拣，各客户的拣选相互没有影响，可以根据客户要求灵活调整配货的先后顺序。

（3）订单处理迅速：由于作业方式简单，接到订单后可立即拣货、送货。

（4）责任明确，适于开展即时配送：由于是一单一拣，作业人员分工明确、责任到人，易于安排人力，对紧急需求可以采用集中人力快速拣取，满足客户的突发需求。

（5）工作效率高：拣选完一个订单，货物便配齐，拣货后不用进行分类作业，货物可不再落地暂存而直接装放在配送车辆上，适用于配送批量大的订单的处理。

三、摘取式拣货方式配货的缺点

当商品品种多时，拣货行走路线加长，降低拣取效率。

四、复核作业

复核作业是物流中心配送货物出库前的最后一道检验工序，确保了配送中心出货的准确性。同时，也是对拣货作业员的工作检查，及时发现货物的质量问题，及时做出处理，保证配送货物的质量。复核工作首先是对单据进行检查核对，再根据相关单据按配送的客户对配送商品一一复核，检查是否有错货、多货、少货及不合格货物，并及时进行处理，在相关的单据上进行记录。

人工复核是配送中心常见的一种复核方式，利用人工将复核区内货物品种、数量一一点数，并逐一核对拣货单，复核完毕后签字。其操作步骤如下：

（1）领取单据：领取拣货完成的拣货单，检查单据是否齐全（拣货单常有多张）。

（2）检查单据：检查拣货单上是否有拣货人员的签名及画单记号。画单记号就是拣货作业人员在每拣完一个品种的货物后在拣货单上相对应的位置上所做的标记。

（3）清点货物：每复核一种货物要检查外包装名称、规格，清点件数，并在拣货单上做好复核标记。清点货物时应看货找单，即根据所复核到的货物品种、规格及数量，在拣货单上一一找到对应任务。

（4）签名确认：复核完成后应重新检查是否拣货单上所有货物都已复核，确认无误后，复核员应在拣货单"复核人"处签名。

【实训要求】

1. 每个小组准备一支铅笔和橡皮擦。

2. 小组成员实训过程中，由组长为每个组员服务，帮助组员卸货和摆货。

【实训地点】

校物流实训中心。

【实训时间安排】

6 课时。

【实训工具】

铅笔、橡皮擦、夹子、客户名称牌、拣货单、物流周转箱、手推车、货物若干。

【实训步骤】

1. 建立小组，每小组 6~8 人，每小组设组长 1 名。

2. 小组长为本小组成员的拣货资料发放员、另两位实训同学分别扮演拣货作业员及复核员。

3. 拣货作业员领取拣货资料即拣货单并简单阅读一遍。

4. 拣货作业员领取物流周转箱若干个及手推车，并将客户名称用夹子夹在物流周转箱上。

5. 拣货作业员根据拣货单信息找到储位。

6. 拣货作业员将手推车及物流周转箱靠边放置在通道上。

7. 拣货作业员拿取货物，确认拿取的货物就是拣货单上显示要拣选的货物。

8. 拣货作业员确认无误后，拣货作业员在拣货单相应货物行的右侧打钩。

9. 当储位上货物数量不足时，拣货作业员在拣货单相应货物数量上画圈，并在其右侧标注实际拣取数量。

10. 拣货作业员将拣出的货物放置在手推车上的物流周转箱内。

11. 拣货作业员将手推车推至复核区内，将货物卸下，并在拣货单上填写拣货时间及在"拣货人"栏签名。

12. 拣货作业员将手推车放归原处，拣货作业员工作完成。

13. 复核员开始复核作业。

14. 复核员快速浏览拣货单，复核物流周转箱上客户名称与拣货单上客户名称是否一致。

15. 复核员开始复核货物的品名、规格、数量、质量、包装等是否与拣货单上要求一致。

16. 复核员复核完成后在拣货单上的"核查人"栏签名，复核工作完成。

【注意事项】

1. 清点货物时应轻拿轻放，以防货物遭到损坏。

2. 按操作规范使用并爱护物流设备。

3. 拣货作业员拿取货物时一定要细心检查货物是否就是客户所需要的商品。

4. 复核员复核货物时必须一一检查。

5. 复核完成后，整理好货物，应防止货物放错位置。

【实训评价】

表6-1 摘取式拣货方式配货能力训练评价评分表

考评人		被考评人	
考评地点			
考评内容	摘取式拣货方式配货能力		
考评标准	具体内容	分值（分）	实际得分（分）
	训练工作态度	15	
	拣一件货后会做标记	10	
	拣货无遗漏	25	
	拣货迅速准确	25	
	拣货单填写完整	20	
	装卸工具归位	5	
合　计		100	

注：考评满分为100分，60~70分为及格；71~80分为中；81~90分为良好；91以上为优秀。

【实训知识拓展】

在现代配送作业中，信息技术是提高作业效率的有效途径。RF复核是指利用无线射频终端技术的复核作业方式。与人工复核方式相比，RF复核只需要用扫描仪对复核的货物进行扫描，在作业时间、作业效率及差错率等方面都有很大的改善。

任务二　使用播种式拣货方式配货

【实训目标】

学生通过本项目的实训能了解使用播种式拣货方式配货的使用范围及其优、缺点和配货检查的作业流程，掌握配货检查的方法，运用播种式拣货方式及时、快速地了解配货，培养耐心、细致的工作态度。

【实训相关知识】

一、播种式配货方式的原理

用这种方式配货，需要将各客户共同需要的一种商品集中从仓库中拣选出来搬运到配货场，然后根据每个客户所需要的商品数量，分别放到每个客户的货位处。一种商品配齐后，再按同样的方法配第二种商品，直至所有需要的商品配货完成。播种式配货方式是商品配货的重要方式，其作业原理如图6-3所示。

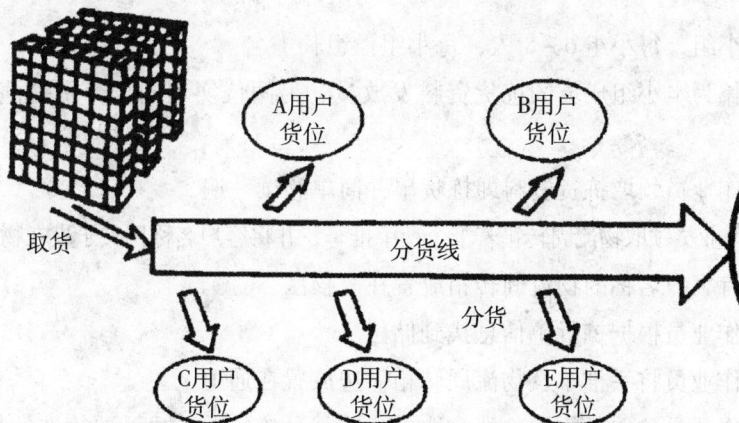

图6-3　播种式拣货方式配货原理

二、播种式配货方式的优点

1. 可以提高单位拣货效率

采用先集中后分类的方式，可以缩短拣取货物时的行走时间，增加单位时间的拣货量。

2. 利于采用机械化作业

同一种商品配货批量大时，可以采用机械化、自动化分货系统。

三、播种式配货方式的缺点

1. 订单处理不及时

采用播种式配货方式，必须等订单累积到一定数量时，才做一次性处理。

2. 信息处理量相对较大

播种式配货相对摘取式配货，信息处理量更大、更复杂，需要用计算机制单和进行管理。

【实训要求】

1. 每个小组准备一支铅笔和橡皮擦。

2. 小组成员实训过程中，由组长为每个组员服务，帮助组员卸货和摆货。

【实训地点】

校物流实训中心。

【实训时间安排】

6 课时。

【实训工具】

铅笔、橡皮擦、夹子、客户名称牌、拣货单、物流周转箱、手推车、货物若干。

【实训步骤】

1. 建立小组，每小组 6~8 人，每小组设组长 1 名。

2. 小组长为本小组成员的拣货资料发放员、另两位实训同学分别扮演拣货作业员及复核员。

3. 拣货作业员领取拣货资料即拣货单并简单阅读一遍。

4. 拣货作业员领取物流周转箱若干个及手推车，并将客户名称用夹子夹在物流周转箱上。

5. 将夹有客户名称的物流周转箱放置在复核区。

6. 拣货作业员根据拣货单信息找到储位。

7. 拣货作业员将手推车及物流周转箱靠边放置在通道上。

8. 拣货作业员拿取货物，确认拿取的货物就是拣货单上显示要拣选的货物。

9. 当储位上货物数量不足时，拣货作业员应报告相关管理人员，由相关管理人员查找其他储位是否还有该货物，若有，则将缺少的货物整仓到该储位并拣取；若无，则在拣货单相应货物数量上画圈，并在其右侧标注实际拣取数量。

10. 拣货作业员将拣出的货物放置在手推车上的物流周转箱内。

11. 拣货作业员将手推车推至复核区内，将货物卸下。

12. 拣货作业员将货物按拣货单各个客户所需的数量一一分放在各个客户的物流周转箱中。

13. 拣货作业员确认无误后，在拣货单相应客户行的右侧打钩。

14. 拣货作业员按此步骤循环作业，直至所有商品被拣完并分完，放置在各个客户的物流周转箱中。

15. 拣货作业员在拣货单上填写拣货时间及在"拣货人"栏签名。

16. 拣货作业员将手推车放归原处，拣货作业员工作完成。

17. 复核员开始复核作业。

18. 复核员快速浏览拣货单，复核物流周转箱上客户名称与拣货单上客户名称是否一致。

19. 复核员开始复核货物的品名、规格、数量、质量、包装等是否与拣货单上要求一致。

20. 复核员复核完成后在拣货单上的"核查人"栏签名，复核工作完成。

【注意事项】

1. 拣货作业员拿取货物时一定要细心检查货物是否就是客户所需要的商品。

2. 清点货物时应轻拿轻放，防止货物遭到损坏。

3. 按操作规范使用并爱护物流设备。

4. 拣货作业员只有在一种商品拣货及分货完成以后，才能进行下一项商品的拣货及分货。

5. 复核员复核货物时必须一一检查。

6. 复核完成后，整理好货物，应防止货物放错位置。

【实训评价】

表6-2　　　　　　　　播种式拣货方式配货能力训练评价评分表

考评人		被考评人	
考评地点			
考评内容	播种式拣货方式配货		
考评标准	具体内容	分值（分）	实际得分（分）
	训练工作态度	15	
	分货后会做标记	10	
	拣货无遗漏	25	
	拣货迅速准确	25	
	拣货单填写完整	20	
	装卸工具归位	5	
合　计		100	

注：考评满分为100分，60~70分为及格；71~80分为中；81~90分为良好；91分以上为优秀。

【实训知识拓展】

播种式配货方式根据不同的装备条件可分为人力配货作业、机动车配货作业、传送带＋人力配货作业、分货机自动配货作业等方法。

1. 人力配货作业

人工从货架一次取出若干客户共同需要的某种商品，然后巡回于各客户的集货货位，将商品按各客户的指定数量分放，完成后，再集中取出第二种，直至所有需要的商品配货完成。适合体积小、重量轻的货物。

2. 机动车配货作业

用台车、平板作业车、叉车或巷道起重机等机械设备取出货物，然后由配货人员驾驶车辆巡回分放。

3. 传送带＋人力配货作业

传送带一端和货物储存点相连，另一端分别与各客户的集货点相连。由储存点一端集中取出各客户共同需要的货物放置在传送带上，传送带运行过程中，各配货员从传送带上取下该位置客户所需的货物，直至配货完成。

4. 分货机自动配货作业

分货机一端集中取出客户共同需要的货物，随分货机上的传送带的运行，按计算机设定的指令，在各分支机构连接处自动打开出口，将货物送入分支机构，分支机构的终点就是客户集货货位。

项目七　出库辅助作业

任务一　练习使用堆高车

【实训目标】

学生通过本任务的实训，了解手动堆高车、半电动堆高车、全电动堆高车的特点与构造，理解堆高车的种类，掌握各类堆高车的操作流程、注意事项。通过强化训练能够对各类堆高车进行正确的操作，提高动手能力和实践能力。

【实训相关知识】

一、堆高车的定义

堆高车是指对成件托盘货物进行装卸、堆高、堆垛和短距离运输作业的各种轮式搬运车辆。其结构简单、操控灵活、微动性好、防爆安全性能高。适用于狭窄通道和有限空间内的作业，是高架仓库、车间装卸托盘化的理想设备。

二、手动液压堆高车

1. 特点

（1）适用范围广，对环境无污染，运输灵巧，操作灵活，转弯半径小。

（2）泄压方式采取脚踩式，升降速度平稳，安全性高。

（3）可配合托盘货箱，集装箱等可实现单元化运输，大大提高工作效率。

2. 结构

手动液压堆高车结构如图 7-1 所示。

3. 操作流程

（1）双手握住堆高车手柄向前推，同时调整方向对准货架托盘位，如图 7-2 所示。

（2）距离货架大约 30cm 时停下堆高车，把刹车踩下，打下舵柄，如图 7-3 所示；双手握住堆高车控制手柄上下摇动，调高货叉高度到托盘位置，如图 7-4 所示。

（3）双手握住堆高车手柄，松开刹车向前推，货叉对准货架托盘位插入托盘槽中，如图 7-5 所示。

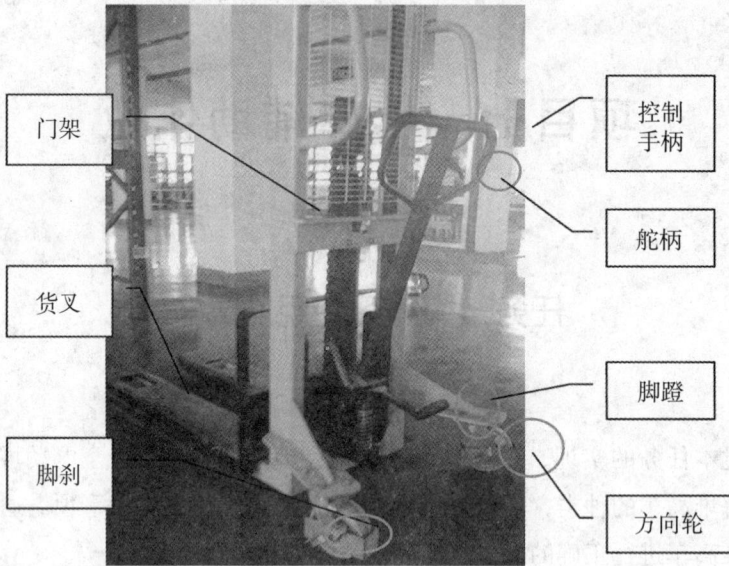

图 7 - 1 手动液压堆高车结构

图 7 - 2 前推堆高车

（4）把刹车踩下，双手握住堆高车控制手柄上下摇动，提升货叉，叉取托盘，如图7-6所示。

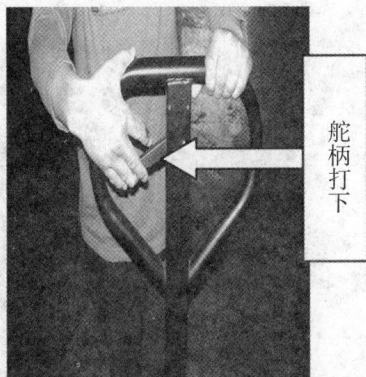

图7-3　打下舵柄

图7-4　调高货叉高度

图7-5　货叉插入托盘槽

图7-6　摇动控制手柄

（5）松开刹车，将堆高车向后拉出货架，提起舵柄，降低货叉高度到距离地面不超过30cm，如图7-7所示。

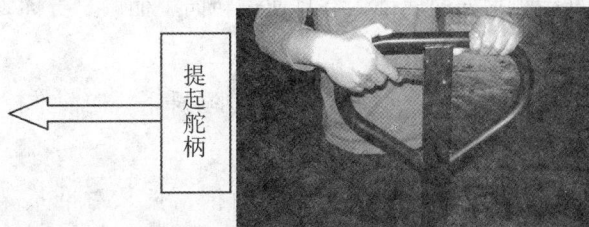

图7-7　提起舵柄

（6）搬运托盘到理货区，踩下脚刹，将货叉降至最低拉出手动堆高机车。

（7）将手动堆高车舵柄回位，如图 7 - 8 所示；并将推高车停在指定设备存放区，如图 7 - 9 所示。

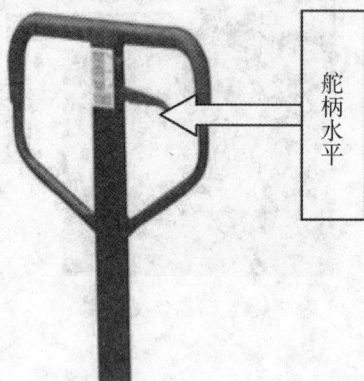

图 7 - 8　堆高车舵柄回位　　　　图 7 - 9　将推高车停在设备存放区

三、半电动堆高车

1. 特点

（1）操作简单，对通道宽度要求比较低。

（2）使用范围较广，可用于装车卸货、仓库堆货架、高空取料等只需要小范围移动的操作。

（3）移动费力，一般在移动时若吨位较大，需要两个人共同协力推拉才可移动。

（4）不适合载重超过 1.2 吨以上的货物且承重量随着升高的高度变化比较大。

2. 结构

半电动堆高车的结构如图 7 - 10 所示。

3. 操作流程

（1）双手握住堆高车手柄向前推，并且通过转向手柄调整方向，对准货架托盘位，如图 7 - 11 所示。

（2）距离货架大约 30 cm 时停下堆高车，把刹车踩下，向前推控制手柄，调高货叉高度到托盘位置，如图 7 - 12 所示。

（3）双手握住堆高车手柄，松开刹车向前推，货叉对准货架托盘位插入托盘槽中。

（4）把刹车踩下，向前推控制手柄，提升货叉，叉取托盘，如图 7 - 13 所示。

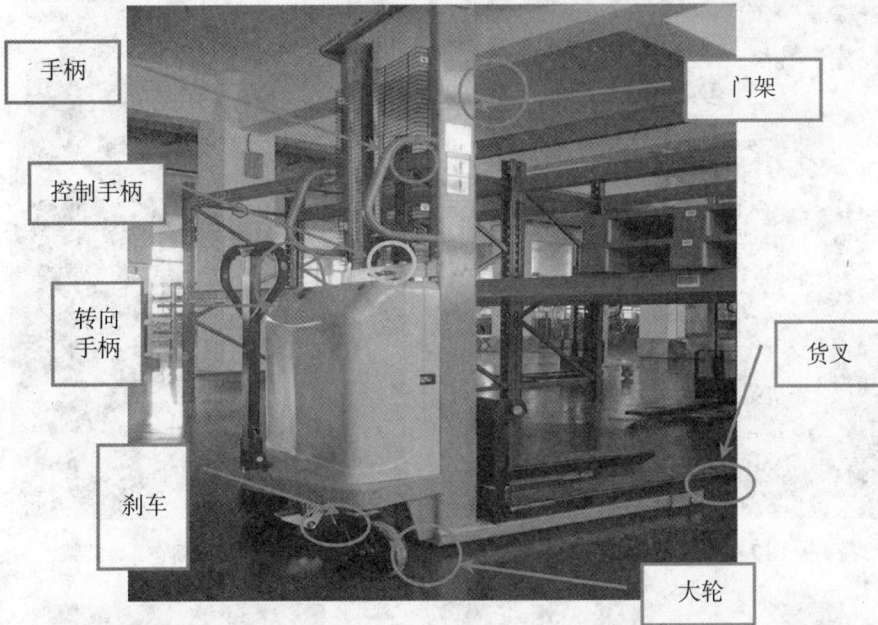

图 7 – 10　半电动堆高车结构

图 7 – 11　前推堆高车

图 7 – 12　调整货叉高度

（5）松开刹车，将堆高车向后拉出货架，向后扳控制手柄，降低货叉高度到距离地面不超过 30cm，如图 7 – 14 所示。

（6）搬运托盘到理货区，踩下脚刹，将货叉降至最低拉出堆高机车，如图 7 – 15 所示。

（7）将堆高车停在指定设备存放区，如图 7 – 16 所示。

图 7 – 13　叉取托盘

图 7 – 14　将堆高车拉出货架

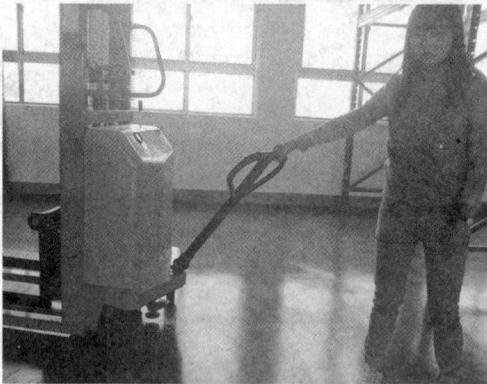

图 7 – 15　搬运托盘

图 7 – 16　将堆高车停在设备存放区

四、全电动堆高车

1. 特点

（1）在起升车辆中全电动堆高车的机动性和牵引性能最好，适合在室内作业。

（2）全电动堆高车常用起升高度在 2~4m，有的起升高度可达到 8m，全电动堆高车方便在车站、码头装卸货物，也可在工地和企业的车间内外搬运机件和各种材料。

（3）全电动堆高车的作业生产率在起升车辆中最高，它的行驶速度、起升速度和爬坡能力也最强，在选用起升车辆时可优先考虑。

（4）全电动堆高车主要用于装卸作业，也可在 50m 左右的距离做搬运作业。

（5）全电动堆高车在扩大用途时可带各种属具。

2. 结构

全电动堆高车结构如图 7 - 17 所示。

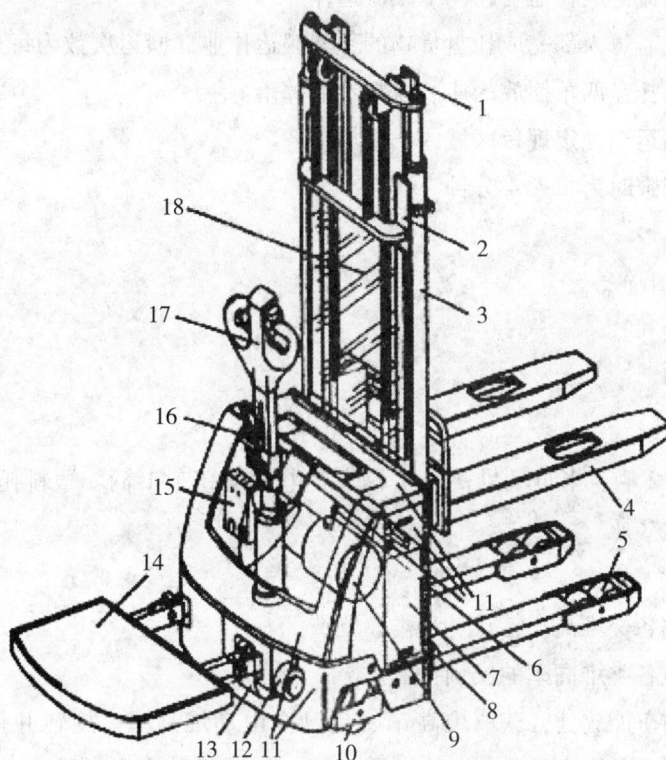

图 7 - 17 全电动堆高车结构

1—内门架；2—外门架；3—举升油缸；4—货叉架；5—前轮；6—电锁；7—蓄电池；8—限流阀；9—泵站；
10—后轮；11—护罩；12—电刹车；13—驱动轮；14—站台；15—电器装置；
16—总开关；17—操控舵；18—保护屏

3. 操作流程

（1）打开电源开关，将操作手柄压下，拨动操作手柄上的前进开关，全电动堆高车向前移动。

（2）拨动全电动堆高车操作手柄上的后退开关，全电动堆高车向后移动。

（3）根据速度要求的需要，通过控制手柄中前进/后退开关用力，可以加快和调慢速度，控制车辆行驶速度。

（4）转动控制手柄向左、向右来改变车辆行驶的方向。

（5）按压控制键"货叉上升"使货叉升高到需要的高度。

（6）按压控制键"货叉下降"使货叉下降到需要的高度。

（7）当操作手柄在竖立状态和水平状态时是断电状态。

（8）全电动堆高车同时配有电磁制动装置，可以根据需要随时停止移动。

【实训要求】

1. 每小组轮流完成托盘货物的下架搬运作业。

2. 小组成员需每人都完成托盘货物的下架搬运作业，搬运次数为每人两次。

3. 作业中，托盘四角摆放的瓶装饮料不能掉落。

4. 托盘需搬运至规定理货区域内，摆放整齐。

5. 实训时间限时为每人 4 分钟。

【实训地点】

校物流实训中心。

【实训时间安排】

6 课时。

【实训工具】

手动堆高车 2 辆、半自动堆高车 1 辆、全电动堆高车 1 辆、塑料托盘 2 个、纸箱 10 个、瓶装饮料 8 瓶。

【实训步骤】

1. 教师讲解各类堆高车特点、种类、构造。

2. 教师示范各类堆高车的实训操作。

（1）从堆高车停放处，获取堆高车（启动全电动堆高车：旋转并打开急停开关，在电锁开关内插入钥匙并向右方向旋转至位置"I"；驾驶全电动堆高车：旋转控制手柄到驱动范围"F"内，调整控制器，控制车辆行驶速度和运行的方向）。

（2）在货架储存区，分别从货架储位上叉取堆有箱子的托盘。

（3）利用堆高车分别将托盘搬运至理货区。

（4）堆高车归至停放处。

3. 学生分组，每小组 6~8 人，每小组设组长 1 名。

4. 每位小组成员单独操作，其他小组成员观摩，并且对操作成员进行小组评价，小组成员依次轮流实训。

5. 比较小组中各个成员操作的优缺点，评选出该小组最佳。

6. 由实训教师对实训效果进行总结和评价。

【注意事项】

1. 车辆行驶以前手动堆高车应检查刹车的工作状况，并确保刹车有效；半自动堆高车应检查刹车和泵站的工作状况，并确保蓄电池被完全充电；全电动堆高车应查看电量表的电量，检查喇叭、操纵手柄的刹车功能。

2. 货叉在插取托盘时，不允许碰撞托盘，货叉应尽可能完全伸到货物下面，确定货物要完全放在托盘上，货物的重量没有超过车辆的载荷能力（不允许长期满负荷的运送货物）。

3. 载物起步时，托盘离地不超过30cm，确认所载货物平稳可靠，缓慢平稳起步。

4. 运行过程中，不允许与其他设备或物品产生任何碰撞。

5. 运行过程中，避免人面向托盘倒着行走。

6. 货物搬运至目的位置时，将货叉降至最低方可拉出手动堆高机车。

7. 当运载的货物挡住了视线时，全电动堆高车必须倒退行驶；在操作当中，禁止突然加速、急停或急转，那将可能导致货物以及车体的倾覆。

8. 驻车后，必须踩下脚刹制动，要注意安全；半自动堆高车、全电动堆高车不使用时，必须旋转电锁开关，并取走钥匙。

9. 紧急停车时按下急停开关，就会切断所有的电器控制功能。

10. 不允许将堆高车停出指定设备存放区，绝对不能将车辆停放在斜面或斜坡上。

【实训评价】

表7-1　　　　　　　　　　　练习使用堆高车评价评分表

考评人		被考评人	
考评地点			
考评内容	堆高车使用能力		
	具体内容	分值（分）	实际得分（分）
考评标准	堆高车知识掌握	10	
	舵柄使用正确	25	
	堆高车使用灵活、自如	30	
	托盘搬运规范	20	
	刹车使用正确	15	
合　计		100	

表7-2　　　　　　　　　　练习使用全电动堆高车评价评分表

考评人		被考评人	
考评地点			
考评内容	全电动堆高车使用能力		
	具体内容	分值（分）	实际得分（分）
考评标准	检查车辆	15	
	启动车辆	15	

续　表

考评标准	具体内容	分值（分）	实际得分（分）
	车辆行驶	20	
	叉取托盘	20	
	存放托盘	20	
	停放车辆	10	
合　计		100	

注：考评满分为100分，60~70分为及格；71~80分为中；81~90分为良好；91分以上为优秀。

【实训知识拓展】

1. 各类手动堆高车

图7-18　手动液压型

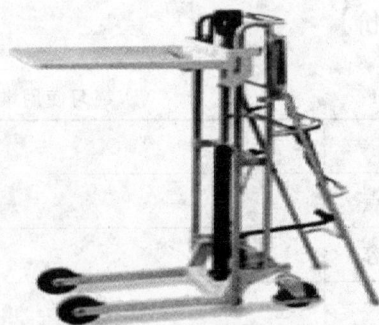
图7-19　轻型脚踏式

图7-20　手摇式

图7-21　手动普通型

2. 各类半自动堆高车

图 7 - 22　简易型

图 7 - 23　宽支腿型

图 7 - 24　一级门架型

图 7 - 25　二级门架型

3. 各类全电动堆高车

图 7 - 26　宽支腿型

图 7 - 27　标准型

任务二　练习使用打包机

【实训目标】

学生通过本任务的实训，能理解手动打包机、半自动打包机的结构和工作原理，掌握手动打包机、半自动打包机的打包操作方法；并且通过一定的打包作业实训，能学会对货物采取相应的打包方式。

【实训相关知识】

一、包装在配送中的作用

（1）保护产品不受损伤和损失，提高运输安全和运输效率。

（2）减轻装卸搬运的劳动强度、难度，提高装卸搬运效率。

（3）方便商品的计数，便于商品的堆码叠放，节省仓库空间，保护物品。

二、包装防破损保护技术

1. 高台面半自动捆扎机

（1）高台面半自动捆扎机基本原理。高台面半自动捆扎机（打包机，如图 7 - 28 所示）是使用捆扎带缠绕产品或包装件，然后收紧并将两端通过热效应熔融或使用包扣等材料连接的机器。捆扎机的功用是使塑料带能紧贴于被捆扎包件表面，保证包件在运输、储存中不因捆扎不牢而散落，同时还应捆扎整齐美观。该捆扎机台面稍高，适合较轻物品的打包捆扎。捆扎机在打开电源开关后，温度在 6 秒后自动加热完成，在插入包装带后能自动完成聚带、热合、切断、出带的捆扎过程，且能自动停机。

图 7 - 28　高台面半自动捆扎机

（2）高台面半自动捆扎机按钮（如图7-29所示）使用说明。

①电源按钮（红色按钮）：插上电源插头，按下电源开关，红色指示灯亮。

②长度控制按钮：根据货物箱或货物包装的大小，可以设定每次自动出带所需的长度。

③归零按钮（黄色按钮）：按下此按钮，带子退出机器。

④进带按钮（绿色按钮）：如捆扎机自动送出的带子不够长时，可按下此送带按钮。

图7-29　高台面半自动捆扎机按钮

（3）常见故障及排除方法。

①卡带：带子卡在滚轮中间时，关掉电源开关，按照退带方向将带子拉出。

②不自动出带：首先检查"出带长度调整"是否在"0"处，然后再看穿带过程是否正确，如果不行，送带滚轮附近卡住异物，亦会造成此种情况。

③未捆紧即切断：机器松紧调得太松，调紧些即可。

2. 手动打包机的结构

手动打包机由拉紧器和卡钳（如图7-30、图7-31所示）组成。

【实训要求】

1. 每小组轮流完成包装实训作业。

2. 每个小组成员需每人都完成包装实训作业，包装实训作业次数需每人两次。

3. 包装实训作业中，采取合适的包装捆扎方式进行作业。

4. 包装捆扎平直整齐，松紧合适。

5. 实训时间限时为每人3分钟。

【实训地点】

物流实训中心。

【实训时间安排】

2课时。

图 7 – 30　手动打包机拉紧器
1—手柄；2—齿轮；3—后带夹；4—带刀；5—前带夹；6—带刀柄；7—脚手柄

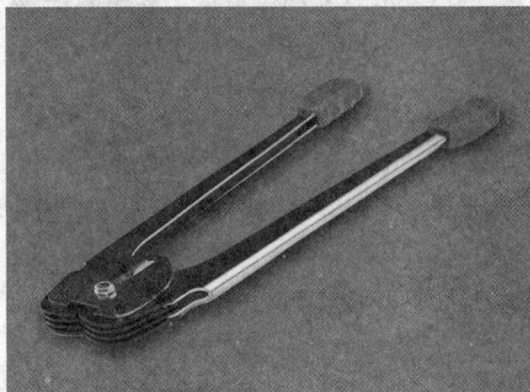

图 7 – 31　卡钳

【实训工具】

手动打包机 2 台、卡钳 2 把、钢扣若干、半自动打包机 2 台、塑料包装带 2 卷、纸箱 4 个。

【实训步骤】

1. 老师引导学生了解手动打包机、半自动打包机的主要结构，向学生介绍手动打包机、半自动打包机的工作原理。

2. 教师示范打包机实训操作。

（1）手动打包机实训操作流程。

①先把打包带缠绕到包装物上。

②调整好拉紧器，用拉紧器前、后夹分别压紧夹上包装带头尾两端。

③用手推动拉紧器手柄，使包装带收紧，用拉紧器前面的刀口把打包带剪断。

④用铁扣套上包装带的头尾两端接头。

⑤把卡钳打开到最大状态，然后对准铁扣用力夹紧铁扣。

⑥松开前、后带夹，取出拉紧器。

（2）半自动打包机实训操作流程。

①接通电源启动。按下"电源"开关，接通电源，启动半自动打包机。

②预热设备。半自动打包机启动后，设备进行预热，直到预热发出的声音停止即可。

③设定出带长度。估算打包所需长度，旋转"送带长度"调节器至合适位置。

④进带打包。将纸箱放到打包机上，按下进带按钮，调节打包带至合适长度，将包装带环绕纸箱，端头插入夹口处进行自动捆扎打包。

⑤结束。完成作业后关掉开关，断掉电源。

3. 学生分组，每小组 6 ~ 8 人，每小组设组长 1 名。

4. 每位小组成员单独操作，其他小组成员观摩，并且对操作成员进行小组评价，小组成员依次轮流实训。

5. 比较小组中各个成员操作的优缺点，评选出该小组最佳。

6. 由实训教师对实训效果进行总结和评价。

【注意事项】

1. 开机过程中如果发现有异常现象，应停止半自动打包机，以免造成内部零件的损坏，并且交予修理人员来处理。

2. 机械运转中，严禁把头和手伸进机械里，同时也要注意周边是否站人。

3. 当包装带捆扎收紧时，应注意不将手指放入包装带下，避免发生捆扎受伤事故。

【实训评价】

表 7 - 3　　　　　　　　打包能力训练评价评分表

考评人		被考评人	
考评地点			
考评内容	播种式拣货方式配货		
考评标准	具体内容	分值（分）	实际得分（分）
	训练工作态度	15	
	正确使用设备	30	
	按规定的形式打包	30	
	包装外形美观	25	
合　计		100	

注：考评满分为 100 分，60 ~ 70 分为及格；71 ~ 80 分为中；81 ~ 90 分为良好；91 分以上为优秀。

【实训知识拓展】

全自动捆扎机，不须人工插带，工作效率高，劳动强度低，如图7－32所示。

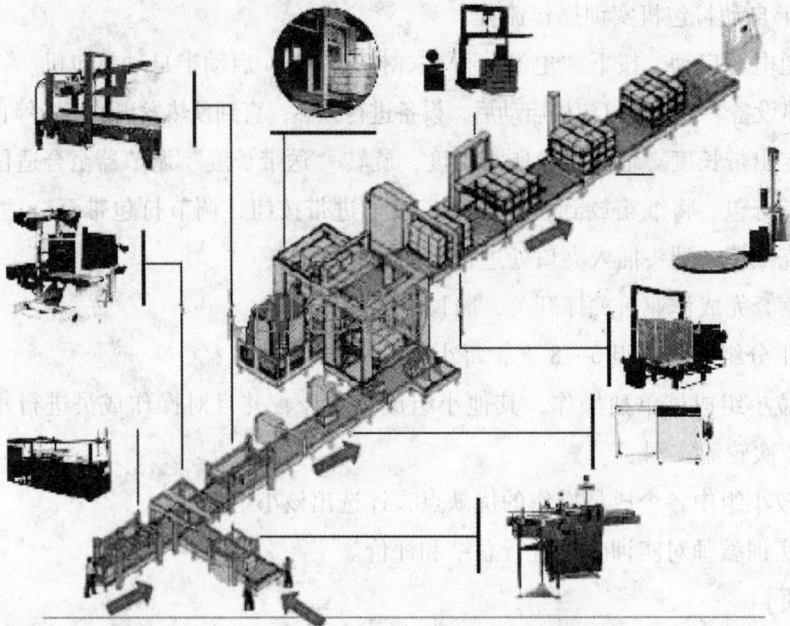

图7－32　全自动捆扎机

任务三　识别商品包装标识

【实训目标】

掌握商品包装标识的种类与含义。

【实训相关知识】

商品包装标识是用于指明包装内容物的性质，为了运输、装卸、搬运、储存和堆码等的安全要求和商品理货分运的需要在外包装上用图像或文字标明的规定记号，包括包装储运指示标志、运输包装收发货标志和危险品包装标志。

一、商品包装标识的作用

1. 便于商品在运输和保管中的辨认识别，防止错发错运。

2. 及时、准确地将商品运到指定的地点或收货单位。

3. 便于商品装卸、堆码，保证商品质量安全，加速商品周转。

二、包装储运指示标志

1. 标志的数目：一个包装件上使用相同标志的数目，应根据包装件的尺寸和形状决定。

2. 标志在各种包装件上的粘贴位置：

（1）箱类包装：位于包装端面或侧面。

（2）袋类包装，位于包装明显处。

（3）桶类包装：位于桶身或桶盖。

（4）集装单元货物：位于四个侧面。

3. 表7-4中标志的使用应按如下规定。

（1）标志1"易碎物品"应标在包装件所有四个侧面的左上角处。

（2）标志3"向上"应标在与标志1相同的位置上。当标志1和标志3同时使用时，标志3应更接近包装箱角。

（3）标志7"重心"应尽可能标在包装件所有六个面的重心位置上，否则至少也应标在包装件四个侧、端面的重心位置上。

（4）标志11"由此夹起"：

①只能用于可夹持的包装件。

②标志应标在包装件的两个相对面上，以确保作业时标志在叉车司机的视线范围内。

（5）标志16"由此吊起"至少贴在包装件的两个相对面上。

表7-4　　　　　　　　　　标志名称和图形

序号	标志名称	标志图形	含义	备注/示例
1	易碎物品		运输包装件内装易碎品，因此搬运时应小心轻放	使用示例：
2	禁用手钩		搬运运输包装件时禁用手钩	

序号	标志名称	标志图形	含义	备注/示例
3	向上		表明运输包装件的正确位置是竖直向上	使用示例：　(a)　(b) 　(c)
4	怕晒		表明运输包装件不能直接照晒	
5	怕辐射		包装物品一旦受辐射便会完全变质或损坏	
6	怕雨		包装件怕雨淋	
7	重心		表明一个单元货物的重心	使用示例： 本标志应标在实际的重心位置上
8	禁止翻滚		不能翻滚运输包装	

续 表

序号	标志名称	标志图形	含义	备注/示例
9	此面禁用手推车		搬运货物时此面禁放手推车	
10	禁用叉车		不能用升降叉车搬运的包装件	
11	由此夹起		表明装运货物时夹钳放置的位置	
12	此处不能卡夹		表明装卸货物时此处不能用夹钳夹持	
13	堆码重量极限		表明该运输包装件所能承受的最大重量极限	
14	堆码层数极限		相同包装的最大堆码层数，n 表示层数极限	

续　表

序号	标志名称	标志图形	含义	备注/示例
15	禁止堆码		该包装件不能堆码并且其上也不能放置其他负载	
16	由此吊起	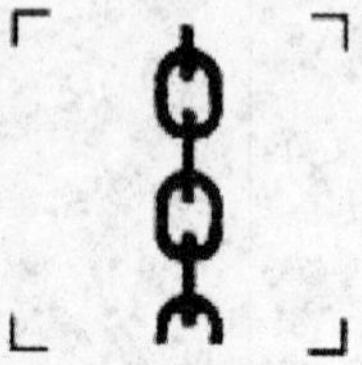	起吊货物时挂链条的位置	使用示例： 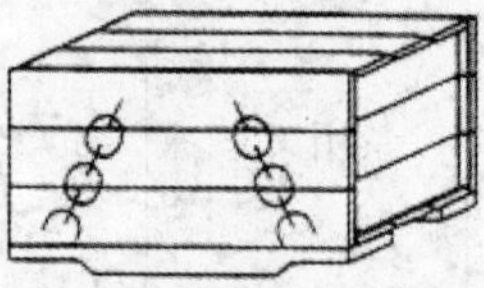 本标志应标在实际的起吊位置上
17	温度极限	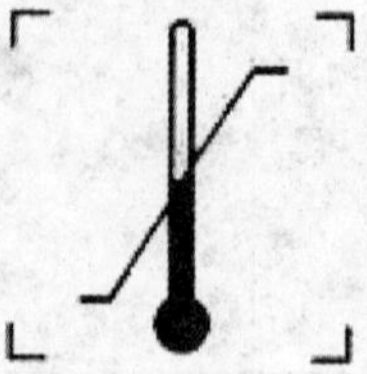	表明运输包装件应该保持的温度极限	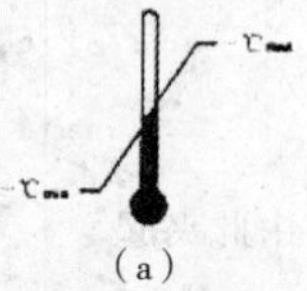 （a） 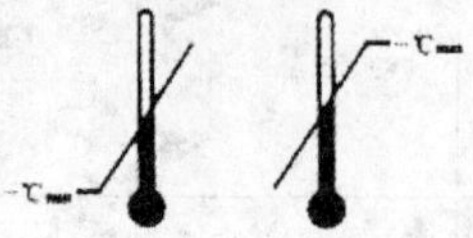 （b）

4. 标志尺寸，如表 7 – 5 所示。

表 7 – 5　　　　　　　　　　　标志尺寸

序号 \ 尺寸	长（mm）	宽（mm）
1	70	50
2	140	100
3	210	150
4	280	200

三、危险货物包装标志

1. 危险货物包装标志图形及名称（如图 7 – 6 所示）

表 7 - 6   危险货物包装标志

包装标志 1 爆炸品标志 （符号：黑色； 底色：橙红色）	包装标志 2 爆炸品标志 （符号：黑色； 底色：橙红色）	包装标志 3 爆炸品标志 （符号：黑色； 底色：橙红色）	包装标志 4 易燃气体标志 （符号：黑色或白色； 底色：正红色）
包装标志 5 不燃气体标志 （符号：黑色或白色； 底色：绿色）	包装标志 6 有毒气体标志 （符号：黑色； 底色：白色）	包装标志 7 易燃液体标志 （符号：黑色或白色； 底色：正红色）	包装标志 8 易燃固体标志 （符号：黑色； 底色：白色红条）
包装标志 9 自燃物品标志 （符号：黑色； 底色：上白下红）	包装标志 10 遇湿易燃物品标志 （符号：黑色或白色； 底色：蓝色）	包装标志 11 氧化剂标志 （符号：黑色； 底色：柠檬黄色）	包装标志 12 有机过氧化物标志 （符号：黑色； 底色：柠檬黄色）
包装标志 13 剧毒品标志 （符号：黑色； 底色：白色）	包装标志 14 有毒品标志 （符号：黑色； 底色：白色）	包装标志 15 有害品标志 （符号：黑色； 底色：白色）	包装标志 16 感染性物品标志 （符号：黑色； 底色：白色）

包装标志 17　一级放射性物品标志　（符号：黑色；底色：白色，附一条红竖线）	包装标志 18　二级放射性物品标志　（符号：黑色；底色：上黄下白，附二条红竖线）	包装标志 19　三级放射性物品标志　（符号：黑色；底色：上黄下白，附三条红竖线）	包装标志 20　腐蚀品标志　（符号：上黑下白；底色：上白下黑）
包装标志 21　杂类标志　（符号：黑色；底色：白色）	—	—	—

2. 危险货物包装标志尺寸（如表 7 – 7 所示）

表 7 – 7　　　　　　　　　　　　危险货物包装标志尺寸

号　别	尺　寸	
	长（mm）	宽（mm）
1	50	50
2	100	100
3	150	150
4	250	250

　　危险货物包装标志尺寸，按标准规定一般分为 4 种。1 号适用于拴挂，2 号、3 号和 4 号适用于印刷或标志。包装体积特大或特小的货物，其标志幅面不受此尺寸限制。

【实训要求】

　　1. 每组成员能识别给定的包装标志。

　　2. 每组成员能将实训教师任意给定的包装标志解释其含义并说明使用时应注意的问题。

【实训地点】

　　本班教室。

【实训时间安排】

2 课时。

【实训工具】

笔、包装储运指示标志 6 套、危险品包装标志 6 套。

【实训步骤】

1. 建立小组，每小组 6 ~ 8 人，每小组设组长 1 名。

2. 每个小组两人一对一进行包装储运指示标志及危险品包装标志识别练习，直至达到标准。

3. 每组成员识别给定的包装储运指示标志及危险品包装标志。

4. 实训教师任意给定的包装储运指示标志及危险品包装标志，每组成员解释其含义并说明使用时应注意的问题。

5. 实训教师对技能训练进行评价。

【注意事项】

学生应不仅能识别包装标志且应能解释其含义及使用注意事项，才算达到标准。

【实训评价】

表 7 – 8　　　　　　　　　　商品包装标志识别能力训练评价评分表

考评人		被考评人		
考评地点				
考评内容	商品包装标志识别			
考评标准	具体内容	分值（分）	实际得分（分）	
			小组	个人
	商品包装标志的识别	小组分值 40 分、个人分值 10 分		
	商品包装标志的含义	小组分值 40 分、个人分值 10 分		
合　计		100		

注：考评满分为 100 分，60 ~ 70 分为及格；71 ~ 80 分为中；81 ~ 90 分为良好；91 分以上为优秀。

【实训知识拓展】

运输包装收发货标志挂签

运输包装收发货标志又称识别标志，旧称唛头或嘿头。它是在外包装上的商品分类图示标志及其他标志和文字说明的总称。通常是由简单的图形和一些字母、数字及简单的文字组成。

1. 商品分类图示标志（如图 7 - 33 所示）

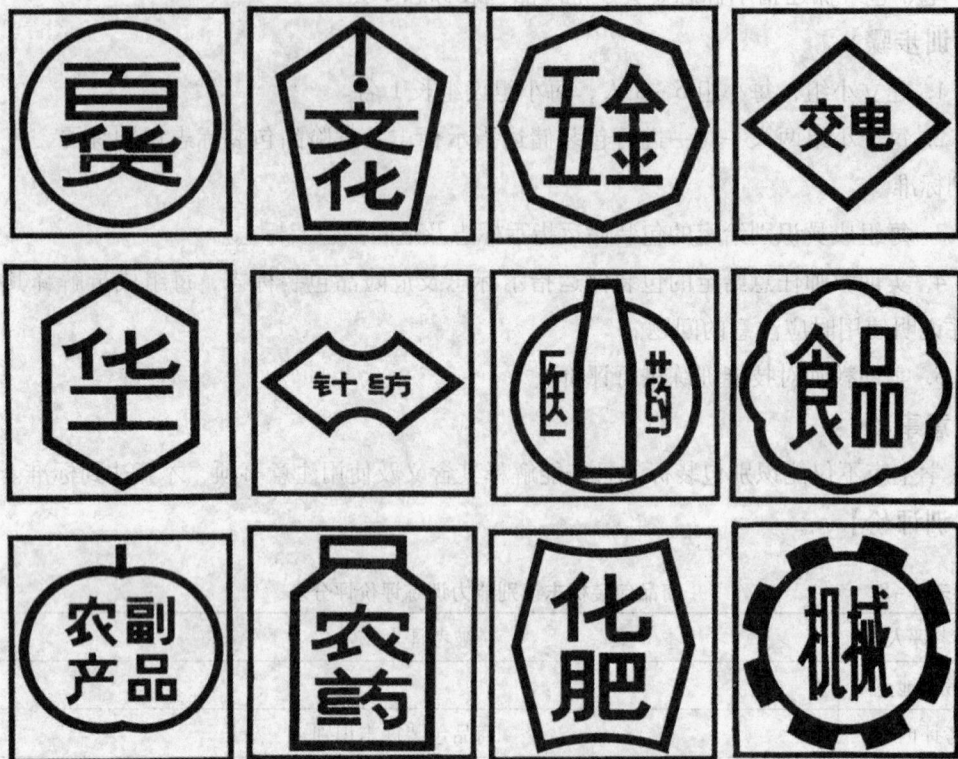

图 7 - 33　商品分类标志

2. 收发货标志文字说明（如图 7 - 34、图 7 - 35 所示）

（1）供货号：只供应该批货物的供货清单号码。

（2）货号：指商品顺序编号，以便出入库、收发货登记、核定商品价格。

（3）品名规格：指商品名称或代号，还指单一商品的规格、型号、尺寸、花色等。

（4）数量：指包装容器内含商品的数量。

（5）重量：毛重、净重（kg）。

（6）生产日期。

（7）生产厂名、厂址。

（8）体积：指长×宽×高（m 或 cm）或货物容积（m³）。

（9）收货人（单位）及发货人（单位）。

（10）件号：在本批货物中的编号。

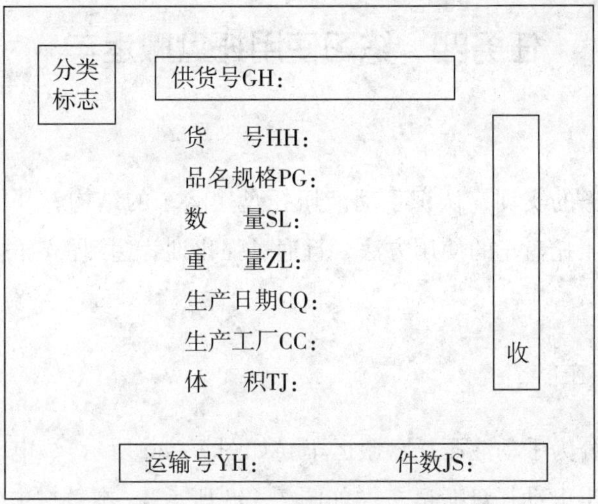

分类 标志	供货号GH：	
	货　　号HH： 品名规格PG： 数　　量SL： 重　　量ZL： 生产日期CQ： 生产工厂CC： 体　　积TJ：	收
	运输号YH：　　　　　件数JS：	

图 7 - 34　收发货标志

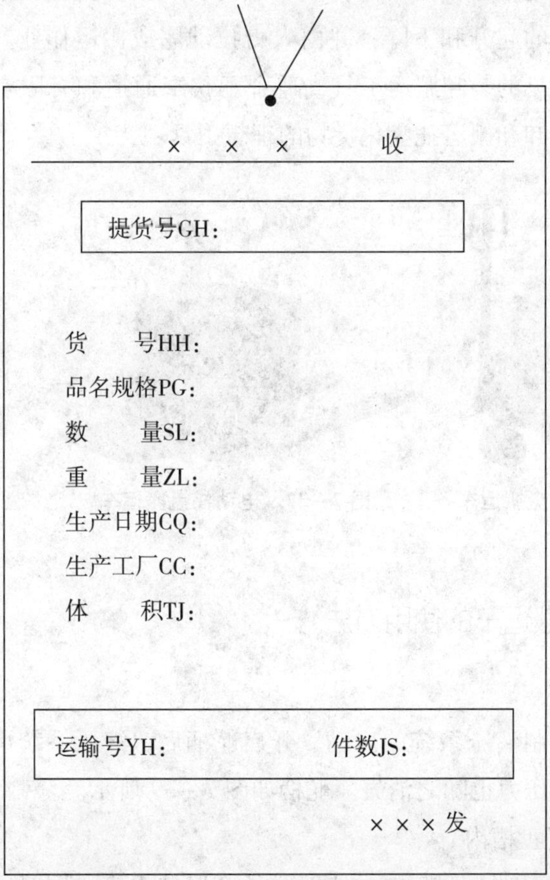

×　×　×　　收

提货号GH：

货　　号HH：

品名规格PG：

数　　量SL：

重　　量ZL：

生产日期CQ：

生产工厂CC：

体　　积TJ：

运输号YH：　　　　　件数JS：

×××发

图 7 - 35　收发货标志挂签

任务四　练习使用托盘搬运车

【实训目标】

学生通过本任务的实训，认识手动液压托盘搬运车的结构，并能通过动手操作与互相观察，掌握液压托盘车的使用方法，且通过强化训练达到一定的熟练度。

【实训相关知识】

一、托盘搬运车简介

托盘搬运车可分为手动液压托盘搬运车（如图 7 - 36 所示）、电动托盘搬运车（如图 7 - 37 所示）及半电动托盘搬运车（如图 7 - 38 所示）。本教材主要介绍手动液压托盘搬运车的使用技巧和方法。

手动液压托盘搬运车，在使用时将其承载的货叉插入托盘孔内，由人力驱动液压系统来实现托盘货物的起升和下降，并由人力拉动完成搬运作业。它是托盘运输中最简便、最有效、最常见的装卸搬运工具，适合于狭窄通道和有限空间内的作业，是仓库、超市、车间内装卸和搬运托盘化货物的理想工具。

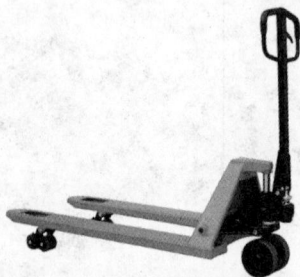

| 图 7 - 36　手动液压托盘搬运车 | 图 7 - 37　电动托盘搬运车 | 图 7 - 38　半电动搬运车 |

二、手动托盘搬运车的使用方法

1. 检查舵柄

舵柄的作用是控制液压系统的启动。开启舵柄后，液压系统可以产生压力；释放舵柄后，液压系统的压力也随之消失。舵柄如图 7 - 39 所示。

2. 将货叉推入托盘槽内

货叉推入托盘槽内时，手柄应与地面或货叉保持垂直。同时，手臂伸直，两手同时抓住手柄的两端，如图 7 - 40 所示。

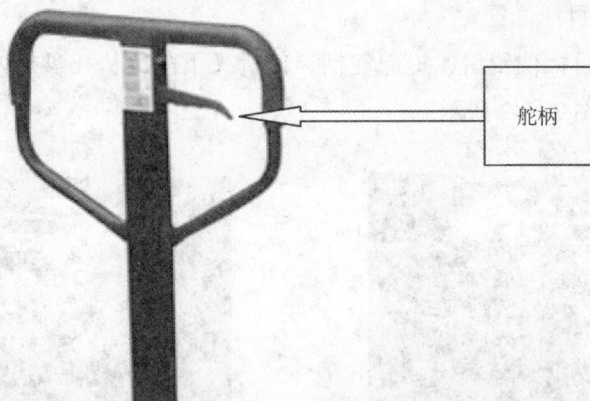

图 7 – 39　手动托盘搬运车的舵柄

图 7 – 40　将货叉推入托盘槽内

3. 启动液压设备

货叉插入托盘槽内后，上下摇动手柄，启动液压系统，使货叉上升，上升到与地面无摩擦的距离后即可移动，如图 7 – 41 所示。

图 7 – 41　启动液压设备

4. 移动货物

移动货物的时候，为了使用方便和视线不被货物挡住，应手拉叉车。

5. 将货物放到目标位置

将货物搬运到目标位置后，提起舵柄，使货叉下降。从托盘槽内抽出货叉。此次搬运作业完成，如图 7 - 42 所示。

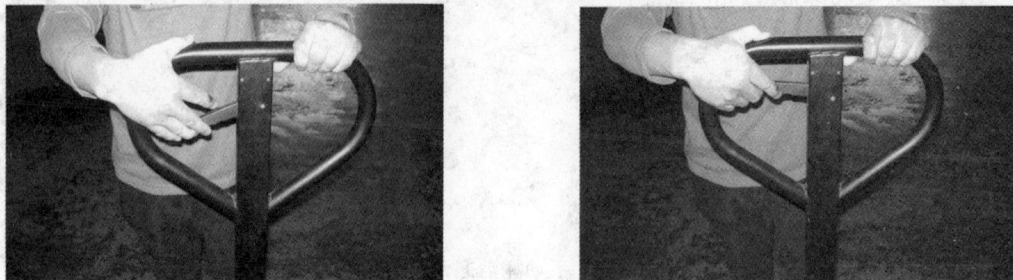

图 7 - 42　提起舵柄，使货叉下降

【实训要求】

1. 认真预习手动托盘搬运车使用方法。

2. 严格遵守托盘搬运车使用要求。

3. 爱护实训中心设施，文明操作。

4. 遵守实训中心规章制度，保持课堂纪律，不大声喧哗。

【实训地点】

校物流实训中心。

【实训时间安排】

2 课时。

【实训工具】

手动托盘搬运车 2 辆，塑料托盘 2 只，纸箱若干。

【实训步骤】

1. 建立小组，每小组 6~8 人，设组长 1 名。

2. 教师介绍手动托盘搬运车使用方法及注意事项。

3. 两人一组进行手动托盘搬运车的插入、托起、移动、卸货的练习。

【注意事项】

1. 检查捏手是否正常。

2. 检查液压托盘搬运车的液压状况，升降是否完好。

3. 货叉在进入托盘插孔时，不允许碰撞托盘，并保证货叉进入托盘后，托盘均匀分布在货叉上，否则运行时易引起侧翻。

4. 抬升托盘。将托盘搬运车捏手下压至上升挡，手柄上下往复，至托盘离地 2~

3cm 即可，再将捏手回至空挡。

5. 载物起步时，应先确认所载货物平稳可靠，起步时需缓慢平稳起步。

6. 运行过程中，不允许与其他设备或物品产生任何碰撞。

7. 运行过程中，避免人面向托盘倒着行走。

8. 货物搬运至目的位置时，将捏手提升至下降档，货叉降至最低时，方可拉出液压托盘搬运车。

9. 停车时，手柄应与货叉垂直，货叉降至最低位置。

10. 不允许将液压托盘搬运车停出指定设备存放区。

【实训评价】

表 7 - 9　　　　　　　　　手动托盘搬运车使用能力训练评价评分表

考评人		被考评人	
考评地点			
考评内容	手动托盘搬运车使用能力		
考评标准	具体内容	分值（分）	实际得分（分）
	手动托盘搬运车知识掌握	10	
	舵柄使用正确	25	
	手动托盘搬运车使用灵活、自如	30	
	托盘能搬运归位	20	
	无违规操作	15	
合　计		100	

注：考评满分为100分，60～70分为及格；71～80分为中；81～90分为良好；91分以上为优秀。

【实训知识拓展】

其他类型的托盘搬运车：电子秤手动液压搬运车（如图 7 - 43 所示）、手动剪式搬运车（如图 7 - 44 所示）、电动剪式搬运车（如图 7 - 45 所示）。

图 7 - 43　电子秤手动液压搬运车　　图 7 - 44　手动剪式搬运车　　图 7 - 45　电动剪式搬运车

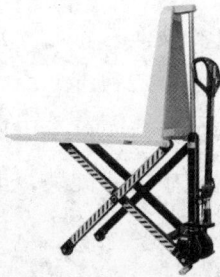

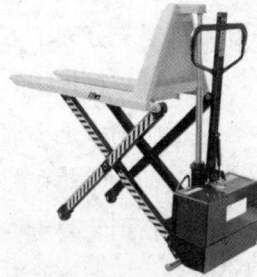

项目八　送货作业

送货作业是指利用配送车辆把客户订购的商品从配送据点送到客户手中的过程。它是一种小批量、短距离、高频率的运输形式，是物流配送中的重要业务环节，其作业流程如图 8 - 1 所示。

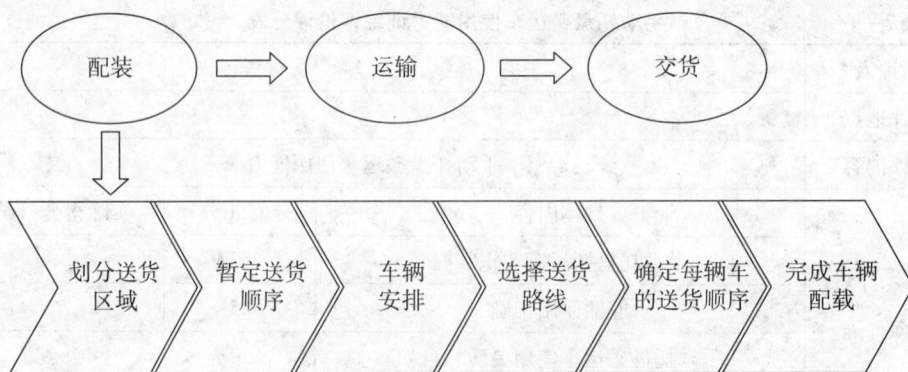

图 8 - 1　送货作业流程

任务一　配装作业

【实训目标】

学生通过本环节实训，了解配装作业流程，掌握配装的原则，能熟练进行配装作业。

【实训相关知识】

配装即是充分利用运输工具（如货车、轮船等）的载重量和容积，采用先进的装载方法，合理安排货物的装载，如图 8 - 2 所示。

配装面临的多是小批量多批次的送货，单个用户的配送数量常常不能达到车辆的有效载运负荷，因此在配送作业流程中需要配装，把多个用户的货物或同一用户的多种货物进行搭配装载。这样不仅能降低送货成本，提高企业经济效益，还能减少交通流量，改善交通拥挤状况。

为提高送货效率，确保货物质量，在接到订单后，首先，应将货物按其性质进行

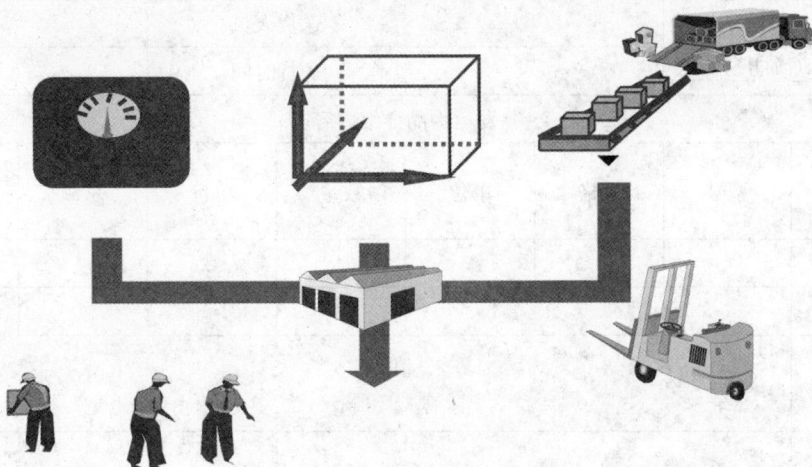

图 8 - 2　配装示意

分类，以便分别采用不同的送货方式和运输工具，如按冷冻货物、散装货物、箱装货物等货物类别进行分类配载；其次，配送的货物也有轻重缓急之分，必须确定哪些货物可配装同一辆车，哪些不能配装同一辆车。

货物装载时应遵循以下原则：

（1）重不压轻：重的货物装在下面，轻的货物装在上面。

（2）大不压小：体积大的货物不能压在体积小的货物上面，已防体积小的货物被压坏。

（3）先远后近：即按客户的配送顺序，后送的、距离远的客户的货物应先装车，先送的、距离近的客户的货物应后装车。

（4）严禁错来错去：同一客户的货物应放在一起，不能将不同客户的货物错开摆放装车，以防送错货物。

【实训要求】

1. 严格遵守岗位职责。

2. 熟悉岗位的工作职责，严格按实训程序进行。

【实训地点】

本校物流实训中心。

【实训时间安排】

4 课时。

【实训工具】

托盘、手动托盘搬运车、送货单样表（如表 8 - 1、表 8 - 2 所示）、商品若干件。

表 8 - 1　　　　　　　　　　　　　送货单样表一

收货单位			送货人员	
送达地点			送货时间	

发运物品详细内容

货物名称	型号	规格	单位	数量	单价	总额	备注
有关说明							
收货方验收情况	验收人员		收货方负责人签字	负责人			（公章）
	日期			日期			

说明：此送货单一式三联，第三联送财务办理结算用，第二联送仓储部提货用，第一联为货到目的地后用作签收，并由送货人员带回交给部门主管。

表 8 - 2　　　　　　　　　　　　　送货单样表二

送货单位：　　　　　　　日期：　年　月　日　　　　　　　　编号：

品名	规格	单位	数量	单价	金额	说明
合计						

合计金额（人民币大写）_____万_____千_____百_____拾_____元_____角_____分

收货单位：_____（盖章）制单：_____　经手人：_____

【实训步骤】

1. 建立小组，每小组 6~8 人，设组长 1 名。

2. 领取单据。配送员根据自己的车辆牌号到调度员处领取出车单、送货单，并检查出车单、送货单（或出库单）是否正确（即是不是自己应领取的单据）。

3. 清点货物。按照出车单上的信息到货物存放的相应区域取货，对货物进行清点。配送员根据出车单上的货物信息（箱数、件数等）对货物数量进行确认。每清点完一个客户的货物应在单据上做相应的标示。

4. 货物出库。货物清点完后，用手动托盘搬运车将货物拉至出货月台准备装车，配送员在出车单上签字确认，配送员在所有货物正确无误后，应在出车单上签名确认并保留相应存根联。

5. 货物装车。确认客户的配送顺序并装车。

【注意事项】

1. 装车时一定要遵循货物装车的原则。

2. 文明操作，注意安全。

【实训评价】

表 8 - 3　　　　　　　　　　　配装能力训练评价评分表

考评人		被考评人	
考评地点			
考评内容		配装能力	
考评标准	具体内容	分值（分）	实际得分（分）
	训练工作态度	15	
	正确使用设备	25	
	正确配装	40	
	配装总结分析	20	
合　计		100	

注：考评满分为 100 分，60～70 分为及格；71～80 分为中；81～90 分为良好；91 分以上为优秀。

【实训知识拓展】

配装规划影响因素

1. 静态因素：配送客户的分布区域、道路交通网络、车辆通行限制（单行道、禁止转弯、禁止货车进入等）、送达时间的要求等。

2. 动态因素：车流量变化、道路施工、配送客户的变动、可供调度车辆的变动。

任务二　下货验收

【实训目标】

学生通过本环节实训，了解下货验收作业流程，熟悉各种票据的填写及记录货运记录，熟练进行下货验收作业操作，培养良好的职业操守和文明礼貌的礼仪风范。

【实训相关知识】

下货验收是配送人员将配送货物送到客户时，将货物及单据与客户进行交接的过程。是物流配送中心人员直接与客户面对面服务的环节。

一、下货验收作业流程

1. 准备单据

车辆到达客户之前，配送人员应准备好该客户的送货单据。

2. 停车

司机把车停靠在合适的卸货位置，配送人员协助司机安全倒车，以免伤人。

3. 投单

配送人员将单据交付客户。

4. 卸货

配送人员及搬运工负责将货物从车上卸下，整箱货与散件货应分开堆放，以便清点。

5. 点交

送货员与客户接货人办理交接手续。接货人验收完毕后应签单确认。如有异常情况，应及时记录汇报。在送货验收差异单上记录货物的代码、品名、数量、规格、单价、差额、差异原因，并且应双方签字确认。如出现无法协调的情况，则必须请示上级主管。

6. 签单离场

配送人员确认单据带全及签全后，道谢离开。

二、下货验收注意事项

1. 搬运下货时应注意货物安全，做到轻拿轻放。如客户有特别要求，则应尊重客户，按客户的要求堆放货物。

2. 与客户进行货物交接时应注意使用礼貌用语。

3. 交接的单据具体包括出车单、送货单、退货单及送货验收差异单等。

4. 单据交接完成后，双方应签章确认。

【实训要求】

1. 严格按照作业流程操作。

2. 单据填写规范、认真。

3. 文明操作，爱护实训设施设备。

【实训地点】

本校物流实训中心。

【实训时间安排】

2 课时。

【实训工具】

托盘、商品若干、送货单、出车单。

【实训步骤】

1. 建立小组，每小组 6~8 人，设组长 1 名。

2. 分工协作，送货员、验货员各 1 名。

3. 送货员将货物运至收货地点，点交货物。

4. 客户方收货员验收货物并签单。

5. 送货员与客户道别。

【注意事项】

1. 搬运货物时应轻拿轻放。

2. 与客户进行交接时，注意礼貌礼仪。

【实训评价】

表 8-4　　　　　　　　　下货验收能力训练评价评分表

考评人		被考评人	
考评地点			
考评内容	下货验收能力		
考评标准	具体内容	分值（分）	实际得分（分）
	训练工作态度	15	
	下货验收流程正确	40	
	签字确认	25	
	下货验收作业总结分析	20	
	合　计	100	

注：考评满分为 100 分，60~70 分为及格；71~80 分为中；81~90 分为良好；91 分以上为优秀。

【实训知识拓展】

运输合理化

1. 选择最佳的运输路线。

2. 在不增加车辆情况下增加运量。

3. 采取直达运输。

项目九　退换货作业

在配送实务中，返品就是仓库按订单或合同将货物发出后，由于各种原因，客户退回仓库的货物。

【实训目标】

学生通过本环节实训，了解退换货作业流程，熟悉退换货的不同处理方式，培养良好的职业操守和文明礼貌的礼仪风范。

【实训相关知识】

一、产生退换货的原因

物流配送中心产生返品的原因有很多，概括为以下几种类型。

1. 瑕疵品回收

产品本身有缺损而导致退换货。

2. 搬运中损坏

在运输途中，由于包装不当或搬运不合理而导致产品损坏，客户要求退换货。

3. 商品送错退回

发货人在按订单发货时发生错误，误将其他客户所订的产品错发该客户或将与客户订单上名称、规格、重量、数量等不符的商品发运，而导致退换货。

4. 商品过期退回

二、退换货原则

物流配送企业根据国家有关法律和其他有关规定制定退换货原则。

1. 时间原则

客户收到货物 10 天之内可以退货，超过 10 天，只换货不退货且费用自理。

2. 地域原则

如客户要求物流配送公司提供上门退、换货服务，则客户必须是在公司限定的地理范围内。

三、退换货商品的处理

1. 重新入库。

2. 送流通加工区处理（修补或更换外包装）。

3. 报废。

4. 降价处理。

5. 退回供应商。

【实训要求】

1. 实训前应熟悉工作职责，严格按工作流程操作。

2. 接待客户用语文明、态度和蔼。

【实训地点】

本校物流实训中心。

【实训时间安排】

2 课时。

【实训工具】

退货单，如表 9 - 1 所示。

表 9 - 1 退货单

编号： 日期：

货物编号	名称	数量	原因	签章

【实训步骤】

1. 建立小组，每小组 6～8 人，设组长 1 名。

2. 每小组分工协作，分客户服务人员、业务员、质量检验员等进行模拟演练。

3. 客户服务部门接收到客户退、换货信息，接待客户。

4. 客户服务人员根据退、换货期限和规定决定是否同意退、换货。

5. 客户服务人员同意退、换货，联系质量检验员。

6. 质量检验员与客户对点退换商品数量，与单据不一致的商品则查找原因，另行处理；检验所退、换商品质量。

7. 根据质量检验员检验的结果，客户服务人员决定是否办理退、换货手续。

8. 客户服务人员计算相关费用与补货差价，与客户核对无误后，交由会计人员处理并联系业务员，将所换货物转交给客户。

9. 退货核收后，运至仓库入库，并核销相关费用，退还货款给客户。由客户服务人员、业务员、会计协同办理。

【注意事项】

1. 各组可同时进行。

2. 每位小组成员都必须演练上述角色。

【实训评价】

表 9 - 2 　　　　　　　　　　退换货能力训练评价评分表

考评人		被考评人	
考评地点			
考评内容	退换货能力		
考评标准	具体内容	分值（分）	实际得分（分）
	热情、规范接待客户	15	
	查看退换货期限	25	
	检验退换货物	25	
	核销或计算相关费用	20	
	工作态度认真	15	
合　计		100	

注：考评满分为100分，60~70分为及格；71~80分为中；81~90分为良好；91分以上为优秀。

【实训知识拓展】

配送仓储作业制度

一、返品作业制度

1. 运输出货原则上不接受退货，唯下列状况可接受退货：

（1）货品搬运中损坏。

（2）品项错误。

（3）瑕疵品回收。

（4）延迟且逾时。

（5）地点错误。

2. 司机送货至门店时，如有上述情况，应将退回品项及原因记录于销货单上，经客户确认，于返回公司后，依据销货单上的记录制作销货退回单一式二联。

3. 如客户事先通知货品退回，运输应制作销货退回单一式三联，交由司机至客户处办理退回。经双方签认后第三联交门店存查。

4. 货品载运回公司后，司机与仓库收货人员确认退回的原因是否相符，并依状况判定为再入库、报废、退回厂商三类，经品质管理人员签认后，销货退回单第一联交运输部门，第二联自存。

5. 对于必须接受的退货请求，应由营业部处理，并经签认后，才能接受退货。

二、报废作业制度

1. 报废管理的目的是为有效地控制和计算原材料的成本。

2. 报废的定义：

（1）凡原材料无法继续使用或转作他用而必须丢弃。

（2）凡正常加工过程中所丢弃的残物不应报废而属于损耗。

（3）研发人员的正常研发所丢弃的残物料。

3. 报废品的区分：

（1）材料的品质验收未能落实或规格与实际需求不符，致使无法使用且不能退货者。

（2）仓储人员保存不当，致使材料损坏无法使用者。

（3）研发人员的研发停止，致使该批材料无法转作其他用途者。

（4）因运送或搬运不当，造成材料破损污染而无法使用者。

（5）原材料、成品过期而无法使用者。

4. 报废品的处理：

（1）报废品应存放于暂存区，以便随资料查询及更正。

（2）所需报废的货品应由权责单位于月底填写报废单一式二联，经与品质管理人员确认，并经经理核准后，会同会计部门进行清点，清点完毕，报废单第一联自存，第二联交会计。

（3）经核准报废的货品由储运组统一销毁。

（4）报废品若是原料，以采购时买进的价格计算，若是商品，则以出货价计算。

5. 报废品处理的权限范围：

（1）组长：99 元以下。

（2）课长（副）：100～499 元。

（3）经理（副）：500～999 元。

（4）副总经理：1000～4999 元。

（5）总经理：5000 元以上。

项目十　自动化立体仓库控制操作

任务一　入库作业

【实训目标】

　　学生通过本环节的实训，了解自动化立体仓库的基本知识，能熟练运用自动化立体仓库控制操作软件进行商品入库作业。

【实训相关知识】

　　所谓自动化仓库是指由电子计算机进行管理和控制，不需要人工搬运作业，而实现收发自动化作业的仓库。立体仓库是指采用高层货架以货箱或托盘储存货物，用巷道堆垛起重机及其他机械进行作业的仓库。将上述两种仓库的作业结合的仓库称为自动化立体仓库。

一、自动化立体仓库的主要优点

　　（1）仓库作业全部实现机械化和自动化。

　　（2）采用高层货架、立体储存，能有效地利用空间，减少占地面积，降低土地购置费用。

　　（3）采用托盘或货箱储存货物，货物的破损率显著降低。

　　（4）货位集中，便于控制与管理，特别是使用电子计算机，不但能够实现作业过程的自动控制，而且能够进行信息处理。

二、自动化立体仓库的主要缺点

　　（1）结构复杂，配套设备多，需要的基建和设备投资高。

　　（2）储存货物的品种受到一定限制，对长大笨重货物以及要求特殊保管条件的货物，必须单独设立储存系统。

　　（3）对仓库管理和技术人员要求较高，必须经过专门培训才能胜任。

　　（4）必须注意设备的保管保养。

　　（5）自动化仓库要充分发挥其经济效益，就必须与采购管理系统、配送管理系统、销售管理系统等管理咨询系统相结合。

三、自动化立体仓库操作软件入库操作流程

1. 运行桌面上的条码扫描程序

（1）双击条码程序，如图 10 - 1 所示。

图 10 - 1　条码程序

弹出如图 10 - 2 所示界面。

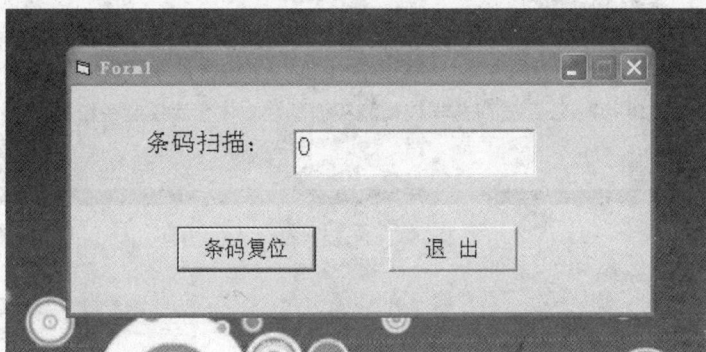

图 10 - 2　条码扫描界面

（2）单击图 10 - 2 右上角的最小化图标，将其最小化。

2. 运行桌面上的立体仓库控制系统

（1）双击桌面上的"立体仓库控制系统"图标，如图 10 - 3 所示。

图 10 - 3　"立体仓库控制系统"图标

弹出江西省商务学校物流实训基地立体仓库控制系统界面，如图 10 - 4 所示。

在弹出的界面点击鼠标左键，系统会进入自动检索状态，检索出堆垛机当前所处位置。核对堆垛机当前所在的位置正确后，点击"确认"进入操作界面，如图 10 - 5 所示。

图 10 -4 江西省商务学校物流实训基地立体仓库控制系统界面

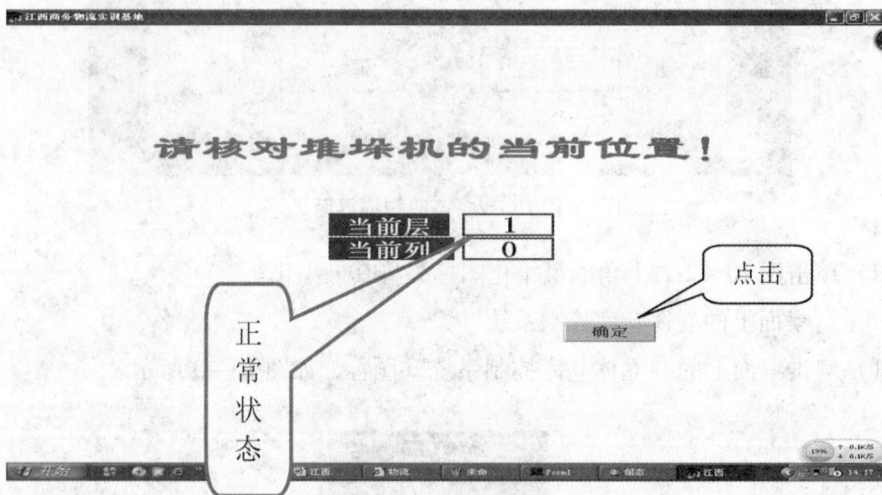

图 10 -5 核对堆垛机位置

如果出现如图 10 - 6 所示情况，则表示堆垛机与电脑没有连接上。这时需要检查堆垛机是否通电、桌面上的急停开关是否打开、堆垛机与电脑的通信连接线是否松动等情况。

（2）系统启动之后进入操作界面，如图 10 -7 所示。

（3）双击桌面上的"综合物流系统"图标，如图 10 -8 所示，打开综合物流系统。弹出用户登录界面，如图 10 -9 所示，要求输入用户名和密码。

选择"上课操作"，进入"仓储实训"课程项目，如图 10 -10、图 10 -11 所示。

图 10 - 6　堆垛机非正常状态

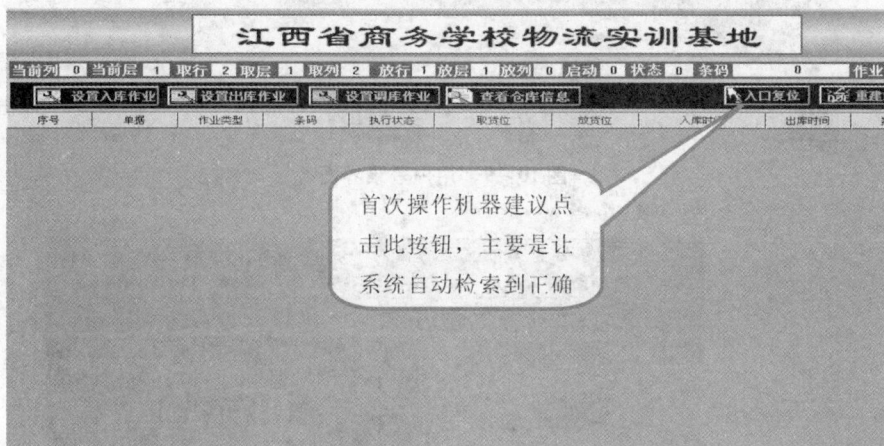

图 10 - 7　系统操作界面

图 10 - 8　"综合物流系统"图标

选择"入库管理"项目中的"入库作业分配"项，如图 10 - 12 所示，点击"查询"进入未分配入库计划列表界面，如图 10 - 13 所示，便可查看到相关的入库计划单据。选定要做入库作业分配的单据编号，在弹出的界面点击"确认"按钮即可，如图 10 - 14 所示。

（4）点击"确认"后，在堆垛机后台控制系统里就可以看到一条入库作业单，如图 10 - 15 所示。

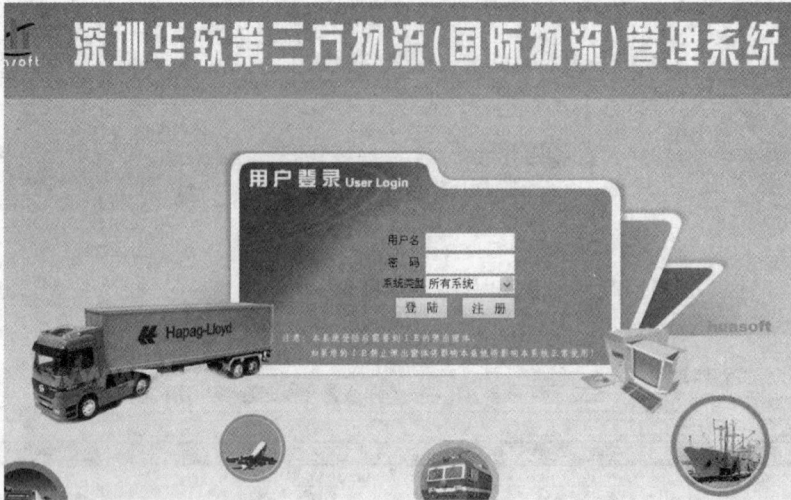

图 10-9　用户登录界面

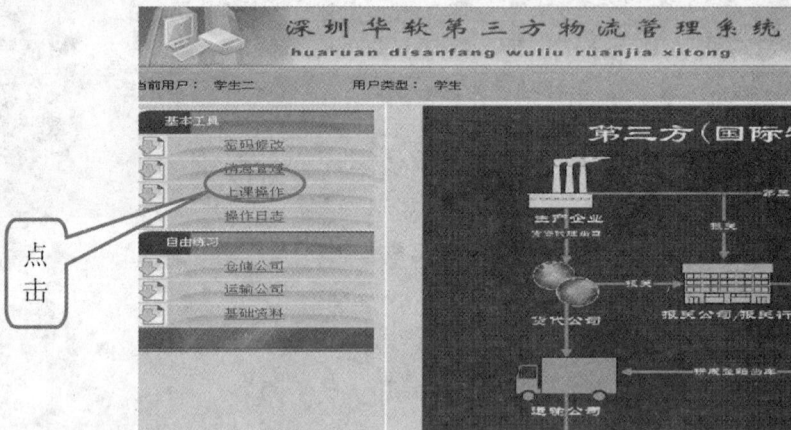

图 10-10　选择"上课操作"

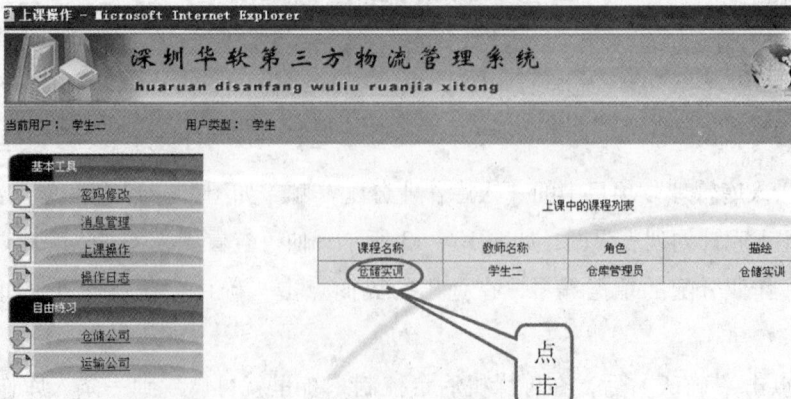

图 10-11　选择"仓储实训"

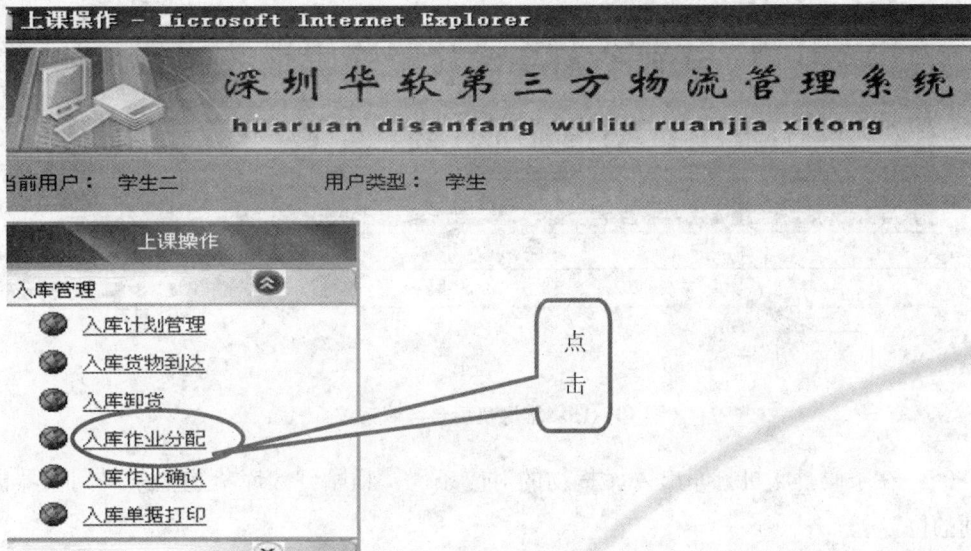

图 10-12　选择"入库作业分配"

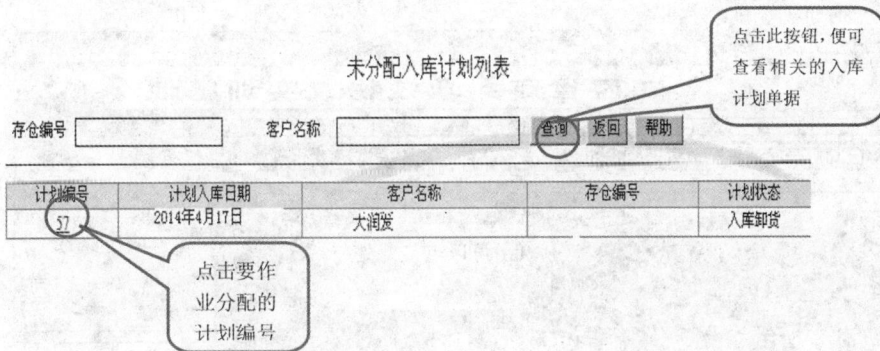

图 10-13　未分配入库计划列表界面

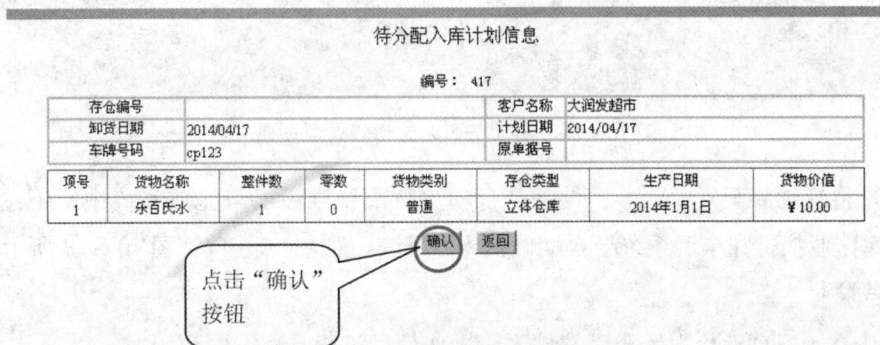

图 10-14　待分配入库计划信息界面

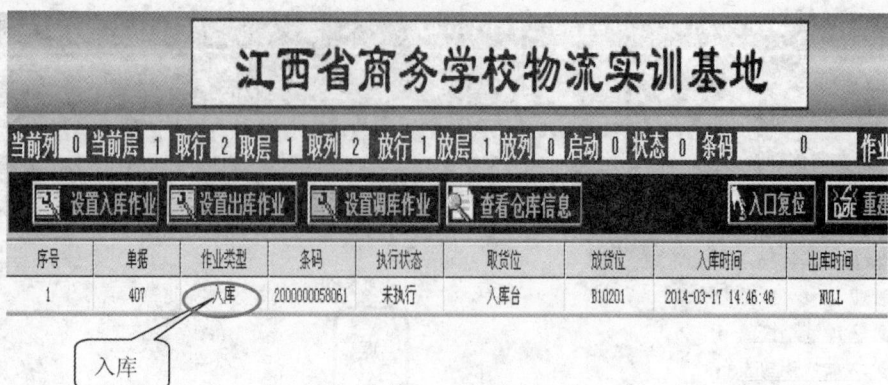

图 10 - 15　堆垛机后台控制系统

（5）在条码打印机打印出入库货物的对应条码，粘贴到入库货物上条码阅读器能读到的位置上。

（6）在没有打印条码的情况下，可以手动录入入库货物的对应条码，如图 10 - 16 所示。

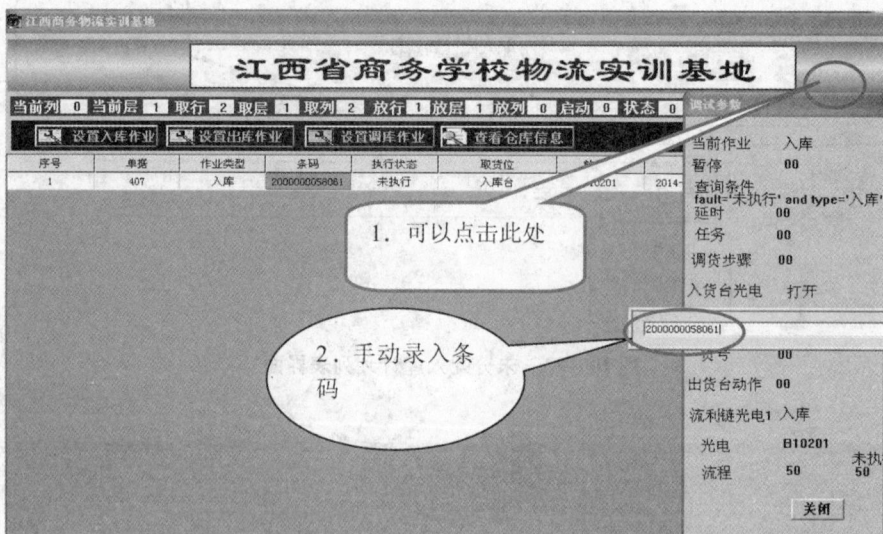

图 10 - 16　手动录入入库货物对应条码

（7）将货物放至入库台上，设备会自动运行配置堆垛机来完成系统中所下达的指令，入库作业执行完毕后系统会自动确认入库状态，如图 10 - 17、图 10 - 18 所示。

【实训要求】

1. 认真预习自动化立体仓库软件入库操作使用过程。

2. 严格服从教师安排。

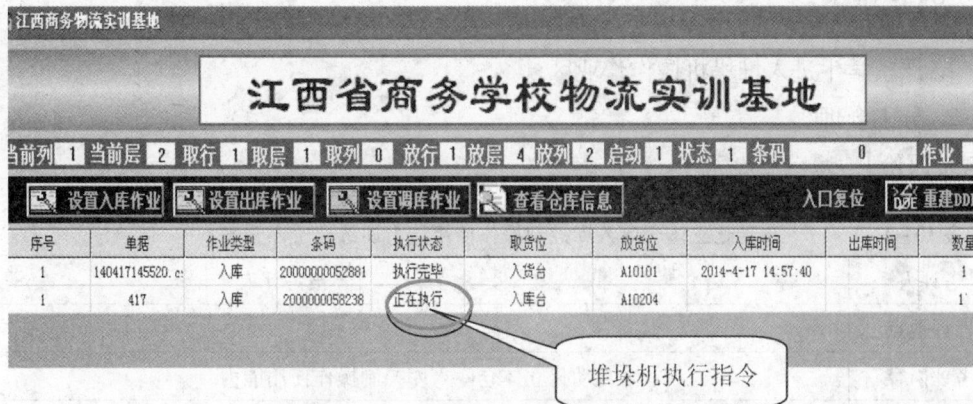

图 10 – 17 堆垛机执行入库指令

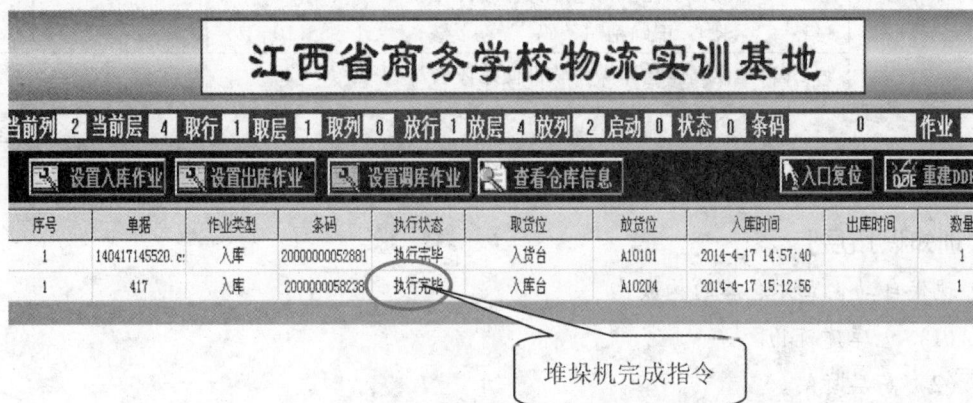

图 10 – 18 堆垛机完成入库指令

3. 爱护实训中心设施，文明操作。

4. 遵守实训中心规章制度，保持课堂纪律，不大声喧哗。

【实训地点】

校物流实训中心。

【实训时间安排】

4 课时。

【实训工具】

校物流实训中心自动化立体仓库操作系统、手推车、托盘。

【实训步骤】

1. 建立小组，每小组 6 ~ 8 人，每小组设组长 1 名。

2. 分工协作，设操作员 1 名，监督员 1 名，搬运工 1 名。

3. 各小组成员轮流进行自动化立体仓库操作软件入库操作训练。

【注意事项】

1. 严禁学生进入堆垛机操作作业区。
2. 分工合理。

【实训评价】

表 10－1 　　　　　自动化立体仓库入库控制操作使用能力训练评价评分表

考评人		被考评人	
考评地点			
考评内容	自动化立体仓库入库控制操作使用能力		
考评标准	具体内容	分值（分）	实际得分（分）
	自动化立体仓库知识掌握	20	
	熟练自动化立体仓库操作软件	50	
	正确粘贴条码	10	
	自动化立体仓库操作软件使用体会	20	
	合　计	100	

注：考评满分为 100 分，60～70 分为及格；71～80 分为中；81～90 分为良好；91 分以上为优秀。

【实训知识拓展】

现代自动化立体仓库的构成：

（1）仓库建筑物。

（2）高层货架。

（3）堆垛起重机。

（4）外围设备：液压升降平台、辊棍式输送机、台车、叉车、托盘等。

（5）计算机系统。

（6）其他设施。

任务二　出库作业

【实训目标】

学生通过本环节的实训，了解自动化立体仓库的基本知识，能熟练运用自动化立体仓库控制操作软件进行商品出库作业。

【实训相关知识】

一、自动化立体仓库的货架

货架是立体仓库的一项重要内容，它直接影响到立体仓库面积和空间的利用率。

（1）货架形式。货架的形式有很多，而用在自动化立体仓库的货架一般有横梁式货架、牛腿式货架、流动式货架等。

（2）货格的尺寸。货格的尺寸取决于货物单元与货架立柱、横梁（牛腿）之间的间隙大小，同时，在一定程度上也受到货架结构形式及其他因素的影响。

二、自动化立体仓库的堆垛机

堆垛机是整个自动化立体仓库的核心设备，通过手动操作、半自动操作或全自动操作实现把货物从一处搬运到另一处。它由机架（上横梁、下横梁、立柱）、水平行走机构、提升机构、载货台、货叉及电气控制系统构成。

堆垛机形式：堆垛机形式多种多样，包括单轨巷道式堆垛机、双轨巷道式堆垛机、转巷道式堆株机、单立柱型堆垛机、双立柱型堆垛机等。

三、自动化立体仓库的输送系统

输送机的类型包括：辊道输送机、链条输送机、皮带输送机、升降移载机、提升机等。

四、自动化立体仓库操作软件出库操作流程

1. 运行桌面上的条码扫描程序

（1）双击条码程序，弹出条码扫描界面，见图 10 – 1 和图 10 – 2。

（2）将条码扫描界面进行最小化。

2. 运行桌面上的立体仓库控制系统

（1）双击桌面上的“立体仓库控制系统”图标，见图 10 – 3。

弹出江西省商务学校物流实训基地立体仓库控制系统界面，见图 10 – 4。

在弹出的界面点击鼠标左键，系统会进入自动检索状态，检索出堆垛机当前所处位置。核对堆垛机当前所在的位置正确后，点击“确认”进入操作界面，见图 10 – 5。

如果出现图 10 – 6 所示情况，则表示堆垛机与电脑没有连接上。这时需要检查堆垛机是否通电、桌面上的急停开关是否打开、堆垛机与电脑的通信连接线是否松动等情况。

（2）系统启动之后进入操作界面，见图 10 – 7。

（3）出库作业分配。

双击桌面上的“综合物流系统”图标（见图 10 – 8），打开综合物流系统。弹出用户登录界面（见图 10 – 9），要求输入用户名和密码。

选择“上课操作”，进入“仓储实训”课程项目，见图 10 – 10 和图 10 – 11。

选择"出库管理"项目，进入未分配出库计划列表界面，如图 10 – 19 所示，点击"查询"便可查看到相关的出库计划单据。选定要做出库作业分配的单据编号之后，点击"确认"按钮，如图 10 – 20 所示。

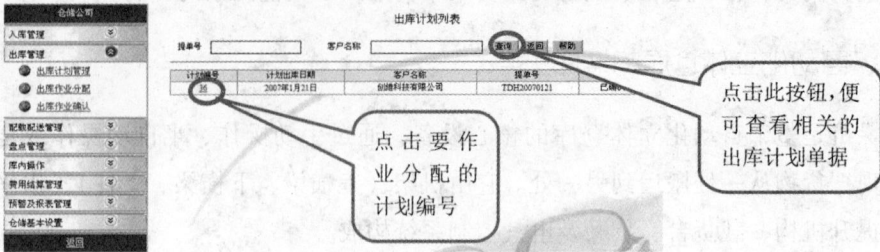

图 10 – 19　未分配出库计划列表界面

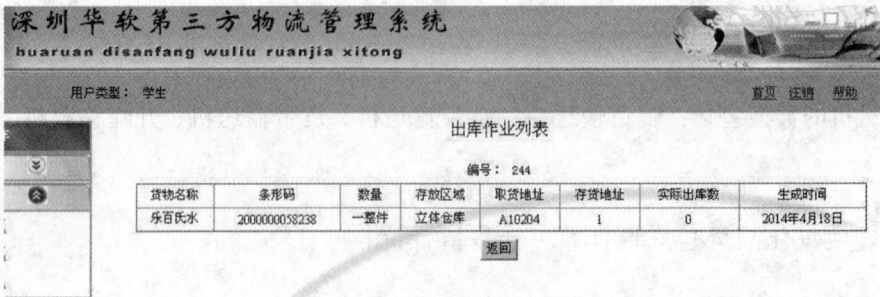

图 10 – 20　出库作业列表界面

（4）点击"确认"后，在堆垛机后台控制系统里就可以看到一条出库作业单，如图 10 – 21 所示。

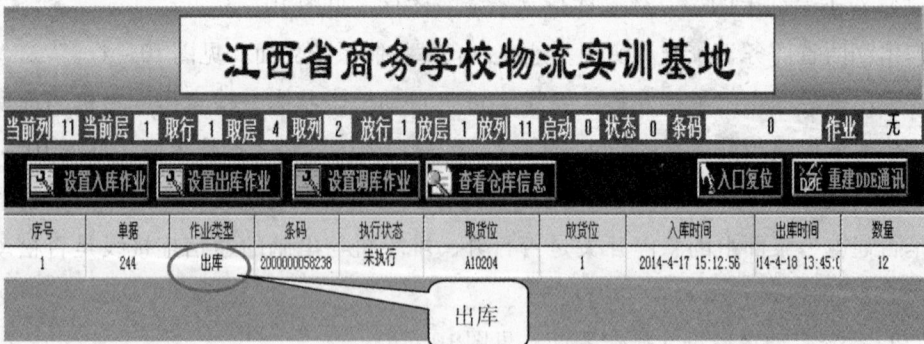

图 10 – 21　堆垛机后台控制系统

（5）设备会自动运行配置堆垛机来完成系统中所下达的指令，出库作业执行完毕后系统会自动确认出库状态，如图 10 – 22、图 10 – 23 所示。

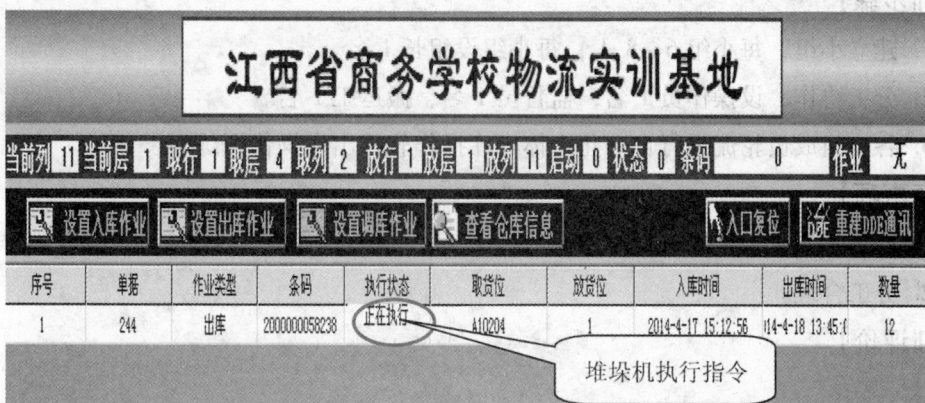

图 10－22　堆垛机执行出库指令

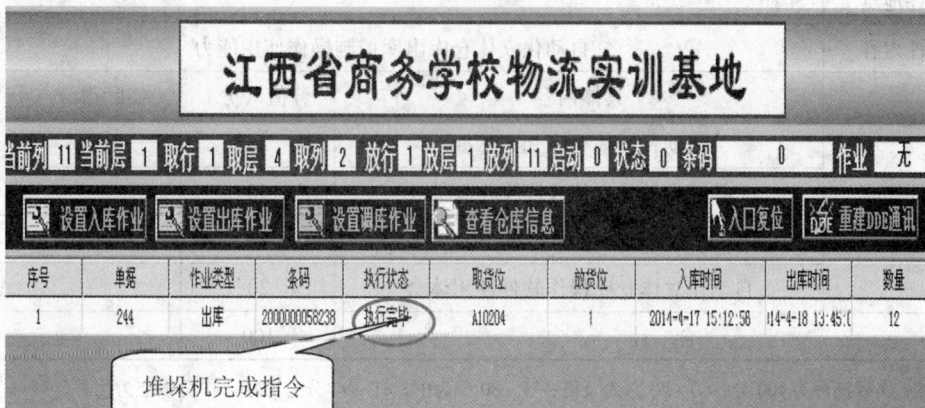

图 10－23　堆垛机完成出库指令

【实训要求】

1. 认真预习自动化立体仓库软件出库操作使用过程。

2. 严格服从教师安排。

3. 爱护实训中心设施，文明操作。

4. 遵守实训中心规章制度，保持课堂纪律，不大声喧哗。

【实训地点】

校物流实训中心。

【实训时间安排】

4 课时。

【实训工具】

校物流实训中心自动化立体仓库操作系统、手推车、托盘。

【实训步骤】

1. 建立小组，每小组 6~8 人，每小组设组长 1 名。

2. 分工协作，设操作员 1 名，监督员 1 名，搬运工 1 名。

3. 各小组成员轮流进行自动化立体仓库操作软件出库操作训练。

【注意事项】

1. 严禁学生进入堆垛机操作作业区。

2. 分工合理。

【实训评价】

表 10-2　　　　　自动化立体仓库出库控制操作使用能力训练评价评分表

考评人			被考评人	
考评地点				
考评内容	自动化立体仓库出库控制操作使用能力			
考评标准	具体内容	分值（分）		实际得分（分）
	自动化立体仓库知识掌握	20		
	熟练自动化立体仓库操作软件	50		
	正确粘贴条码	10		
	自动化立体仓库操作软件使用体会	20		
合　计		100		

注：考评满分为100分，60~70分为及格；71~80分为中；81~90分为良好；91分以上为优秀。

【实训知识拓展】

自动化立体库在物流领域的应用

1. 烟草配送：广泛采用自动化立体库系统。

2. 医药配送：为了响应 GSP 认证，大量的自动化立体库被应用到全国医药流通领域，如国药、上药等。

3. 机场货运：较早采用自动化立体库的领域。各主要机场均采用立体库系统，用于行李处理。

4. 地铁：随着我国地铁建设的蓬勃兴起，自动化立体库应用大面积展开。

项目十一　手持设备操作

任务一　入库作业

【实训目标】

学生通过本环节实训，能熟练使用手持终端设备进行货物入库理货、入库搬运及入库上架作业。

【实训相关知识】

一、用户登录

用户通过手持浏览器浏览用户登录界面（如图11-1所示），输入用户名与密码，点击登录，即可跳转至手持主界面，如图11-2所示。

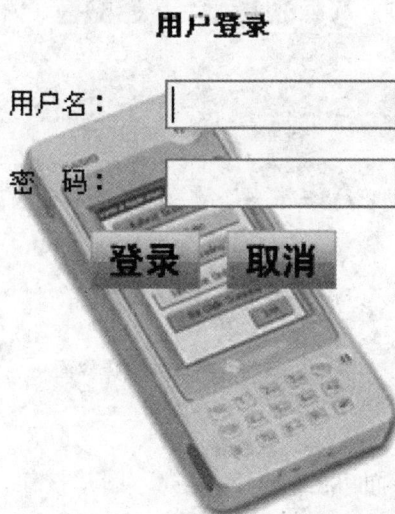

图 11-1　手持用户登录界面

二、入库流程

用户在管理界面录入入库单据并确认之后，在手持操作界面进行入库流程操作。

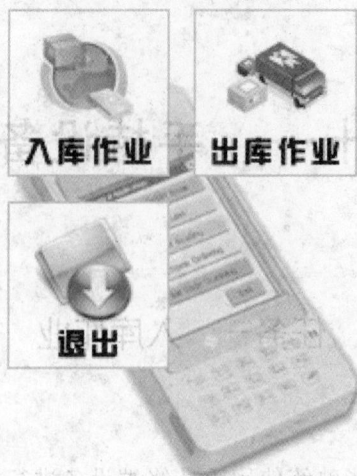

图 11-2　手持主界面

用户登录成功后进入手持主界面，单击主界面的"入库作业"图片按钮，进入入库作业选择界面，如图 11-3 所示。

图 11-3　入库作业选择界面

1. 入库理货

用户在入库作业选择界面单击"入库理货"图片按钮，进入入库理货列表界面，如图 11-4 所示。单击列表右侧"操作"列中的"理货"，进入入库理货货物查找界面，如图 11-5 所示，在条码文本框中输入商品条码，单击"查询"，如若该入库单中有待理货的该商品，则会查询出来并且显示；输入托盘编码与需要组托的数量，单击"保存"按钮，则会对指定数量的该商品进行入库理货。

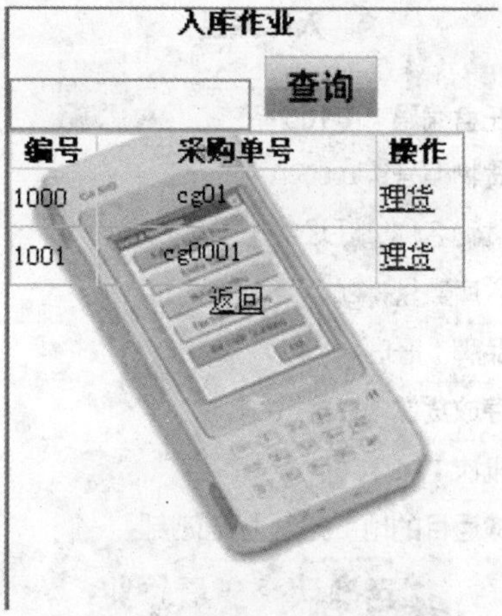

图 11 - 4　入库理货列表界面

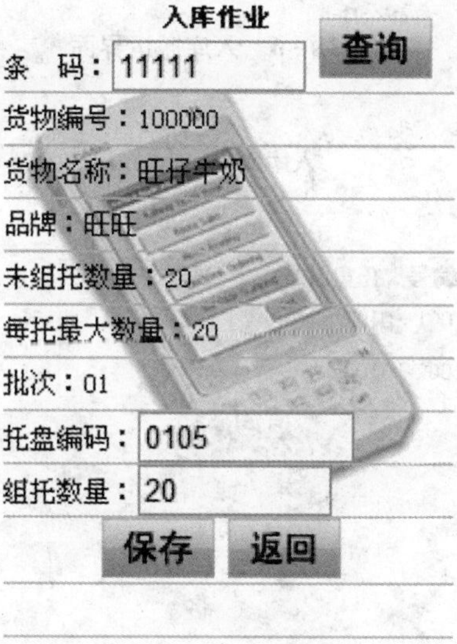

图 11 - 5　入库理货货物查找界面

2. 入库搬运

用户在入库作业选择界面单击"入库搬运"图片按钮,进入入库搬运界面,如图 11 - 6 所示。在托盘编码文本框中输入托盘编码,单击"查询",如若该托盘有待搬运的商品,则会查询出来并且显示;单击"搬运确认"按钮,则会对指定该托盘上的商品进行入库搬运;单击"查看作业"按钮,能查看所有待入库搬运的信息,如图11 - 7 所示。

3. 入库上架

用户在入库作业选择界面单击"入库上架"图片按钮,进入入库上架界面,如图

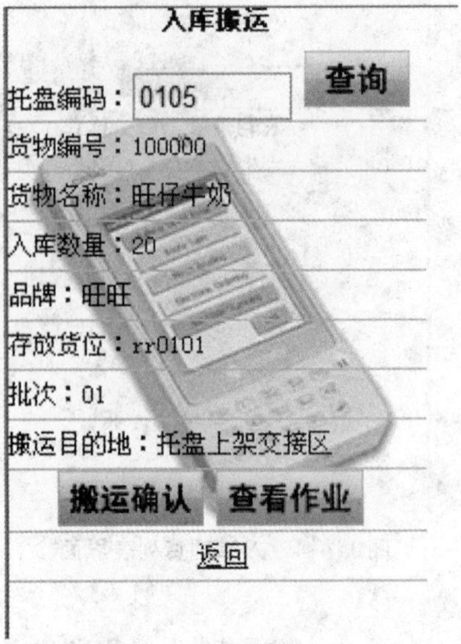

图 11 – 6　入库搬运界面

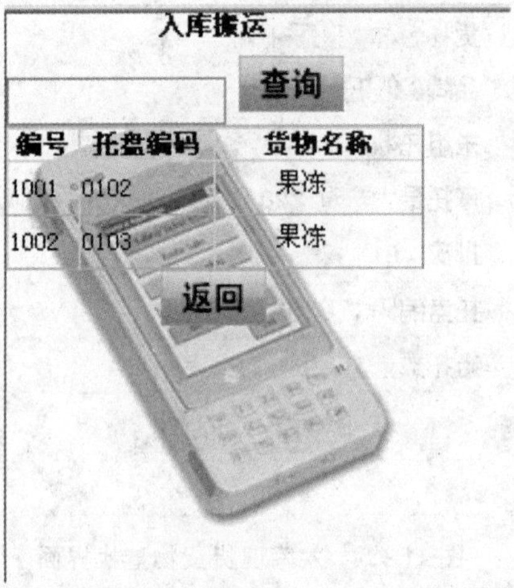

图 11 –7　入库搬运作业列表界面

11 –8 所示。在托盘编码文本框中输入托盘编码，单击"查询"，如若该托盘有待上架的商品，则会查询出来并且显示；输入该货位编码，单击"搬运确认"按钮，则会对指定该托盘上的商品进行入库上架操作；单击"查看作业"按钮，能查看所有待入库上架的信息，如图 11 –9 所示。

【实训要求】

1. 严格按照作业流程操作。

2. 文明操作，爱护实训设施设备。

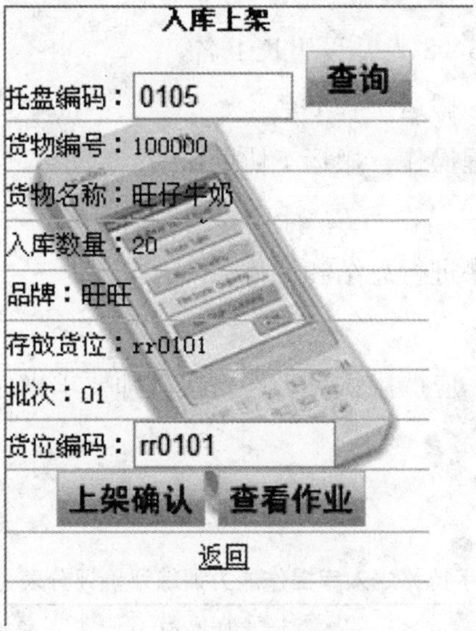

图 11 - 8　入库上架界面

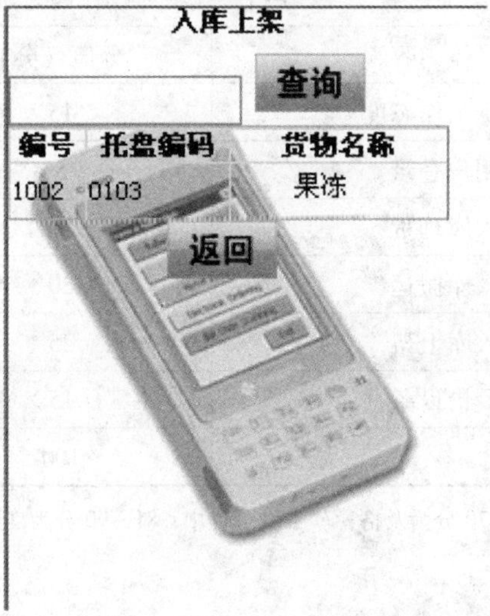

图 11 - 9　入库上架作业列表界面

【实训地点】

　　校物流实训中心。

【实训时间安排】

　　2 课时。

【实训工具】

　　入库通知单、手持终端、商品若干、托盘若干。

【实训步骤】

1. 建立小组，每小组 6~8 人，设组长 1 名。
2. 分工协作，理货员、搬运工各 1 名。
3. 理货员按照入库流程操作，搬运工协助搬货。
4. 小组成员互评。
5. 实训教师对实训效果进行总结和评价。

【注意事项】

1. 在模拟训练过程中，应严肃认真，严格按教师要求操作设备。
2. 文明操作，注意安全。

【实训评价】

表 11－1   手持终端入库操作能力训练评价评分表

考评人		被考评人	
考评地点			
考评内容	手持终端入库操作能力		
考评标准	具体内容	分值（分）	实际得分（分）
	训练工作态度	15	
	用户登录	5	
	入库理货	20	
	入库搬运	20	
	入库上架	25	
	爱惜设备	15	
合　计		100	

注：考评满分为 100 分，60~70 分为及格；71~80 分为中；81~90 分为良好；91 分以上为优秀。

【实训知识拓展】

手持终端在物流领域的应用（一）

手持终端在物流领域的典型应用有烟草配送、仓库盘点、邮政配送，值得开发的应用有大型日用品生产制造商的终端配送、药品配送、大工厂的厂内物流和物流公司仓库到仓库的运输。

不同的物流系统，需要的手持终端扩展功能各不相同，主要用到的功能为条码扫描、接触式/非接触式 IC 卡读写和 802.11b、蓝牙数据通信等。

任务二 出库作业

【实训目标】

学生通过完成本任务的实训，能熟练使用手持终端设备进行货物出库理货、出库下架、出库搬运、补货上架、返库搬运、返库上架等作业。

【实训相关知识】

一、用户登录

用户通过手持浏览器浏览用户登录界面（见图 11 - 1），输入用户名与密码，点击登录，即可跳转至手持主界面（见图 11 - 2）。

二、出库流程

用户在管理界面录入出库单据并确认生成作业之后，在手持操作页面进行出库流程操作。

用户登录成功后进入手持主界面，单击主界面的"出库作业"图片按钮，进入出库作业选择界面，如图 11 - 10 所示。

1. 出库理货

用户在出库作业选择界面，单击"出库理货"图片按钮，进入出库理货列表界面如图 11 - 11 所示。单击列表右侧"操作"列中的"理货"，则会对该出库作业单进行理货操作。

图 11 - 10 出库作业选择界面　　　图 11 - 11 出库理货列表界面

2. 出库下架

用户在出库作业选择界面，单击"下架作业"图片按钮，进入下架作业界面，如图 11 – 12 所示。输入托盘编码，单击"查询"，如若托盘上有待下架货物，则会查询出来并且显示；输入货位编码，单击"下架确认"按钮，则可对货物成功下架；单击"查看作业"按钮，能查看所有待下架的信息，如图 11 – 13 所示。

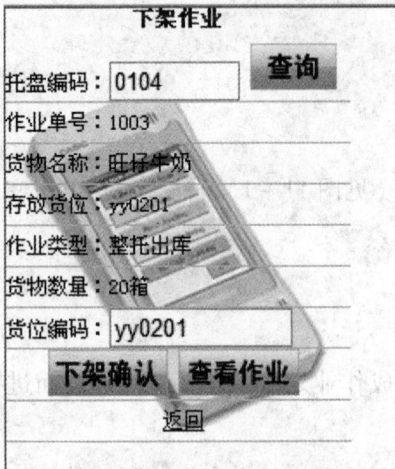

图 11 –12　下架作业界面

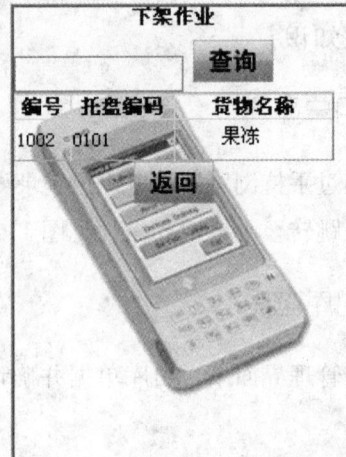

图 11 –13　待下架作业列表界面

3. 出库搬运

用户在出库作业选择界面，单击"搬运作业"图片按钮，进入搬运作业界面，如图 11 –14 所示。输入托盘编码，单击"查询"，如若托盘上有待出库搬运货物，则会查询出来并且显示；输入货位编码，单击"搬运确认"按钮，则可对货物成功搬运；单击"查看作业"按钮，能查看所有待出库搬运的信息，如图 11 – 15 所示。

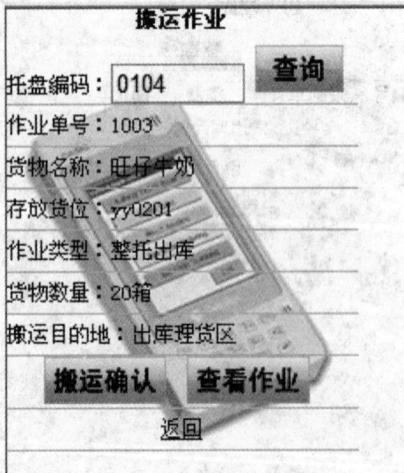

图 11 –14　搬运作业界面

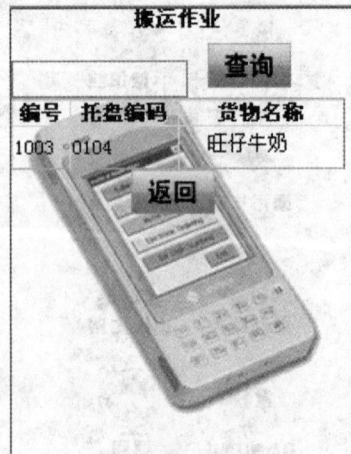

图 11 –15　待搬运作业列表界面

4. 补货上架

补货上架作业，是对补货计划单生成的出库作业进行搬运之后的一个补货操作。

用户在出库作业选择界面，单击"补货上架"图片按钮，进入补货上架作业界面，如图 11 - 16 所示。输入物货条码，单击"查询"，如若有该货物的补货信息，则会查询出来并且显示；输入货位编码与实际数量，单击"上架确认"按钮，则可对货物成功补货上架；单击"查看作业"按钮，能查看所有待补货上架的信息，如图 11 - 17 所示。

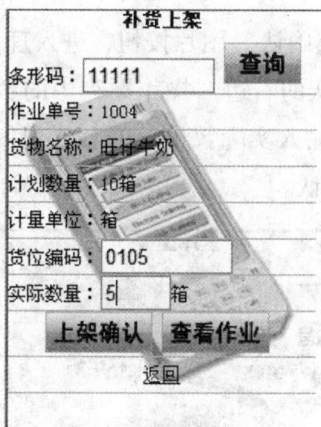

图 11 - 16　补货上架界面

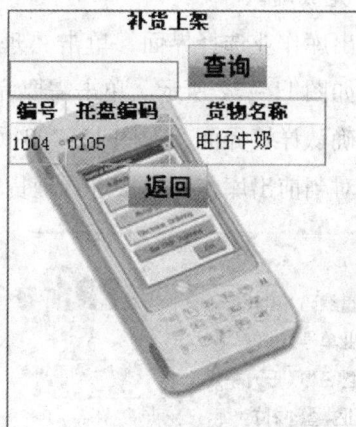

图 11 - 17　待补货上架列表界面

5. 返库搬运

返库搬运作业，是对托盘货物未全部出库的托盘进行返库搬运的操作。

用户在出库作业选择界面，单击"返库搬运"图片按钮，进入返库搬运作业界面，如图 11 - 18 所示。输入托盘编码，单击"查询"，如若有该托盘的返库搬运信息，则会查询出来并且显示；单击"搬运确认"按钮，则可对货物成功返库搬运；单击"查看作业"按钮，能查看所有待返库搬运作业的信息，如图 11 - 19 所示。

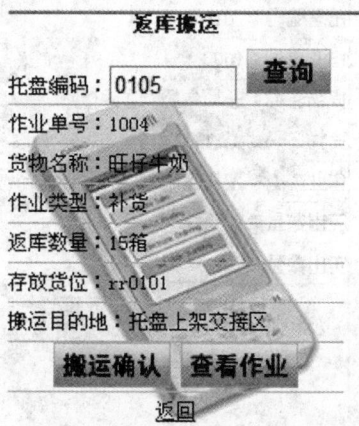

图 11 - 18　返库搬运作业界面

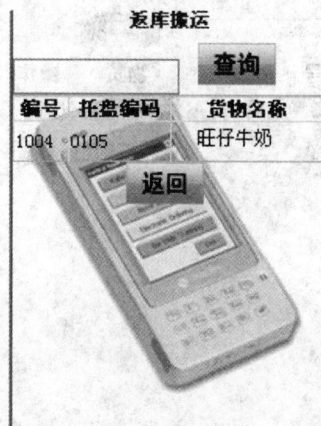

图 11 - 19　待返库搬运列表界面

6. 返库上架

返库上架作业，是对进行返库搬运之后的托盘货物进行上架的操作。

用户在出库作业选择界面，单击"返库上架"图片按钮，进入返库上架作业界面，如图 11 - 20 所示。输入托盘编码，单击"查询"，如若有该托盘的返库上架信息，则会查询出来并且显示；单击"上架确认"按钮，则可对货物成功返库上架；单击"查看作业"按钮，能查看所有待返库上架作业的信息，如图 11 - 21 所示。

7. 理货完成确认

用户在出库作业选择界面，单击"理货完成确认"图片按钮，进入理货完成确认列表界面，如图 11 - 22 所示。单击需要完成确认的右边"操作"列中的"选择"，进入理货完成确认详情界面，如图 11 - 23 所示，输入实际数量，单击"理货完成确认"按钮，即可对当前出库作业单据进行理货完成确认。

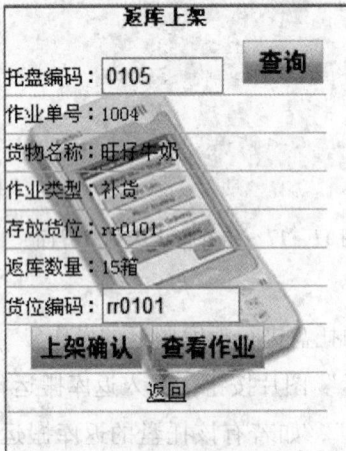

图 11 - 20　返库上架界面

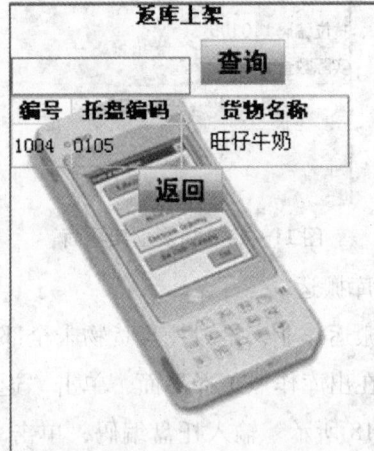

图 11 - 21　待返库上架列表界面

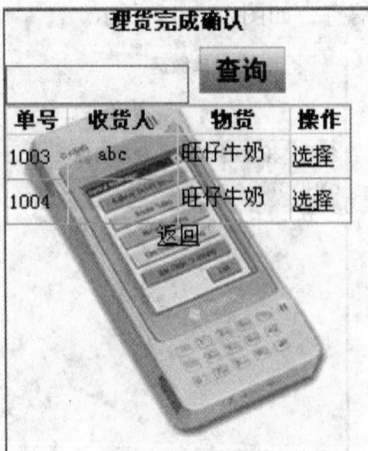

图 11 - 22　待理货完成列表界面

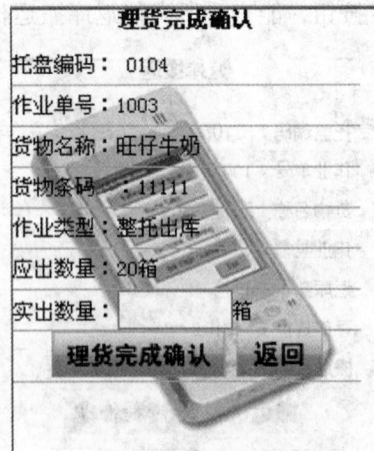

图 11 - 23　理货完成详情界面

【实训要求】

1. 严格按照作业流程操作。

2. 文明操作,爱护实训设施设备。

【实训地点】

校物流实训中心。

【实训时间安排】

2 课时。

【实训工具】

出库通知单、手持终端、商品若干、托盘若干。

【实训步骤】

1. 建立小组,每小组 6 ~ 8 人,设组长 1 名。

2. 分工协作,理货员、搬运工各 1 名。

3. 理货员按出库操作流程操作,搬运工协助搬运货物。

4. 小组成员互评。

5. 实训教师对实训效果进行总结和评价。

【注意事项】

1. 在模拟训练过程中,应严肃认真,严格按教师要求操作设备。

2. 文明操作,注意安全。

【实训评价】

表 11 - 2   **手持终端出库操作能力训练评价评分表**

考评人		被考评人	
考评地点			
考评内容	手持终端出库操作能力		
	具体内容	分值(分)	实际得分(分)
	训练工作态度	10	
	用户登录	5	
	出库理货	10	
考评标准	出库下架	10	
	出库搬运	10	
	补货上架	10	
	返库搬运	10	
	返库上架	10	

考评标准	具体内容	分值（分）	实际得分（分）
	理货完成	10	
	爱惜设备	15	
合　计		100	

注：考评满分为100分，60~70分为及格；71~80分为中；81~90分为良好；91分以上为优秀。

【实训知识拓展】

手持终端在物流领域的应用（二）

　　手持终端可用在收派员运单数据采集和中转场/仓库数据采集，通过扫描快件条码的方式，将运单信息通过3G项目直接传输到后台服务器，同时可实现相关业务信息的查询等功能。

参考文献

［1］李守斌. 配送作业实务［M］. 北京：机械工业出版社，2011.

［2］真虹，朱云仙. 物流装卸与搬运［M］. 北京：中国物资出版社，2004.

［3］徐贤浩. 物流配送中心规划与运作管理［M］. 武汉：华中科技大学出版社，2008.

［4］邬星根. 仓储与配送管理［M］. 上海：复旦大学出版社，2005.

［5］苗爱华. 配送中心运营管理［M］. 北京：电子工业出版社，2008.

［6］周万森. 仓储配送管理［M］. 北京：北京大学出版社，2005.

［7］于宝琴，吴津津. 现代物流配送管理［M］. 北京：北京大学出版社，2009.

［8］高晓亮，伊俊敏，甘卫华. 仓储与配送管理［M］. 北京：北京交通大学出版社，2006.

［9］王转. 配送与配送中心［M］. 北京：电子工业出版社，2010.

［10］陈宏勋. 物流技术与装备［M］. 北京：国防工业出版社，2005.

［11］蓝仁昌. 配送作业实训［M］. 北京：高等教育出版社，2007.

［12］张念. 仓储与配送管理［M］. 大连：东北财经大学出版社，2004.

［13］夏文汇. 物流配送管理［M］. 成都：西南财经大学出版社，2009.

［14］窦志铭. 物流商品养护技术［M］. 北京：人民交通出版社，2002.

［15］马俊生，王晓阔. 配送管理［M］. 北京：机械工业出版社，2008.

［16］罗松涛. 配送与配送中心管理［M］. 北京：对外经济贸易大学出版社，2008.

［17］朱国俊. 仓储与配送管理［M］. 北京：清华大学出版社，2011.

［18］方兆罗. 仓储与配送管理［M］. 大连：东北财经大学出版社，2004.

［19］王婷. 物流操作实务［M］. 北京：机械工业出版社，2004.

［20］常红，孟初阳. 物流机械［M］. 北京：人民交通出版社，2012.

［21］张志乔. 物流配送管理［M］. 北京：人民邮电出版社，2010.

附录1 中华人民共和国国家
标准物流作业术语

1. 运输 Transportation

用设备和工具，将物品从一地点向另一地运送的物流活动。其中包括集货、分配、搬运、中转、装入、卸下、分散等一系列操作。

2. 联合运输 Combined Transport

一次委托，由两家以上运输企业或用两种以上运输方式共同将某一批物品运送到目的地的运输方式。

3. 直达运输 Through Transport

物品由发运地到接收地，中途不需要换装和在储存场所停滞的一种运输方式。

4. 中转运输 Transfer Transport

物品由生产地运达最终使用地，中途经过一次以上落地并换装的一种运输方式。

5. 甩挂运输 Drop and Pull Transport

用牵引车拖带挂车至目的地，将挂车甩下后，换上新的挂车运往另一个目的地的运输方式。

6. 集装运输 Containerized Transport

使用集装器具或利用捆扎方法，把裸装物品、散粒物品、体积较小的成件物品，组合成为一定规格的集装单元进行的运输。

7. 集装箱运输 Container Transport

以集装箱为单元进行货物运输的一种货运方式。

8. 门到门 Door – to – Door

承运人在托运人的工厂或仓库整箱接货，负责运抵收货人的工厂或仓库整箱交货。

9. 整箱货 Full Container Load（FCL）

一个集装箱装满一个托运人同时也是一个收货人的货物。

10. 拼箱货 Less than Container Load（LCL）

一个集装箱装入多个托运人或多个收货人的货物。

11. 储存 Storing

保护、管理、储藏物品。

12. 保管 Storage

对物品进行保存及对其数量、质量进行管理控制的活动。

13. 物品储备 Article Reserves

储存起来以备急需的物品。有当年储备、长期储备、战略储备之分。

14. 库存 Inventory

处于储存状态的物品。广义的库存还包括处于制造加工状态和运输状态的物品。

15. 经常库存 Cycle Stock

在正常的经营环境下，企业为满足日常需要而建立的库存。

16. 安全库存 Safety Stock

为了防止由于不确定性因素（如大量突发性订货、交货期突然延期等）而准备的缓冲库存。

17. 库存周期 Inventory Cycle Time

在一定范围内，库存物品从入库到出库的平均时间。

18. 前置期（或提前期）Lead Time

从发出订货单到收到货物的时间间隔。

19. 订货处理周期 Ordercycle Time

从收到订货单到将所订货物发运出去的时间间隔。

20. 货垛 Goods Stack

为了便于保管和装卸、运输，按一定要求分门别类堆放在一起的一批物品。

21. 堆码 Stacking

将物品整齐、规则地摆放成货垛的作业。

22. 搬运 Handling/carrying

在同一场所内，对物品进行水平移动为主的物流作业。

23. 装卸 Loading and Unloading

物品在指定地点以人力或机械装入运输设备或卸下。

24. 单元装卸 Unit Loading and Unloadiing

用托盘、容器或包装物将小件或散装物品集成一定质量或体积的组合件，以便利用机械进行作业的装卸方式。

25. 包装 Packag/Packaging

为在流通过程中保护产品、方便储运、促进销售，按一定技术方法而采用的容器、材料及辅助物等的总体名称，也指为了达到上述目的而采用容器、材料和辅助物的过程中施加一定技术方法等的操作活动。

26. 销售包装 Sales Package

又称内包装，是直接接触商品并随商品进入零售网点和消费者或用户直接见面的包装。

27. 定牌包装 Packing of Nominated Brand

买方要求卖方在出口商品/包装上使用买方指定的牌名或商标的做法。

28. 中性包装 Neutral Packing

在出口商品及其内外包装上都不注明生产国别的包装。

29. 运输包装 Transport Package

以满足运输储存要求为主要目的的包装。它具有保障产品的安全，方便储运装卸、加速交接、点验等作用。

30. 托盘包装 Palletizing

以托盘为承载物，将包装件或产品堆码在托盘上，通过捆扎、裹包或胶粘等方法加以固定，形成一个搬运单元，以便用机械设备搬运。

31. 集装化 Containerization

用集装器具或采用捆扎方法，把物品组成标准规格的单元货件，以加快装卸、搬运、储存、运输等物流活动。

32. 散装化 In Bulk

用专门机械、器具进行运输、装卸的散状物品在某个物流范围内，不用任何包装，长期固定采用吸扬、抓斗等机械、器具进行装卸、运输、储存的作业方式。

33. 直接换装 Cross Docking

物品在物流环节中，不经过中间仓库或站点，直接从一个运输工具换载到另一个运输工具的物流衔接方式。

34. 配送 Distribution

在经济合理区域范围内，根据用户要求，对物品进行拣选、加工、包装、分割、组配等作业，并按时送达指定地点的物流活动。

35. 共同配送 Joint distribution

由多个企业联合组织实施的配送活动。

36. 配送中心 Distribution Cente

从事配送业务的物流场所或组织，应基本符合下列要求：

（1）主要为特定的用户服务。

（2）配送功能健全。

（3）完善的信息网络。

（4）辐射范围小。

（5）多品种、小批量。

（6）以配送为主，储存为辅。

37. 分拣 Sorting

将物品按品种、出入库先后顺序进行分门别类堆放的作业。

38. 拣选 Order Picking

按计单或出库单的要求，从储存场所选出物品，并放置在指定地点的作业。

39. 集货 Goods Collection

将分散的或小批量的物品集中起来，以便进行运输、配送的作业。

40. 织配 Assembly

配送前，根据物品的流量、流向及运输工具的载质量和容积，组织安排物品装载的作业。

41. 流通加工 Distribution Processing

物品在从生产地到使用地的过程中，根据需要施加包装、分割、计量、分拣、刷标志、拴标签、组装等简单作业的总称。

42. 冷链 Cold Chain

为保持新鲜食品及冷冻食品等的品质，使其在从生产到消费的过程中，始终处于低温状态的配有专门设备的物流网络。

43. 检验 Inspection

根据合同或标准，对标的物品的品质、数量、包装等进行检查、验收的总称。

附录2 中华人民共和国国家标准
物流技术装备与设施术语

1. 仓库 Warehouse

保管、储存物品的建筑物和场所的总称。

2. 库房 Storehouse

有屋顶和围护结构，供储存各种物品的封闭式建筑物。

3. 自动化仓库 Automatic Warehouse

由电子计算机进行管理和控制，不需人工搬运作业，而实现收发作业的仓库。

4. 立体仓库 Stereoscopic Warehouse

采用高层货架配以货箱或托盘储存货物，用巷道堆垛起重机及其他机械进行作业的仓库。

5. 虚拟仓库 Virtual Warehouse

建立在计算机和网络通信技术基础上，进行物品储存、保管和远程控制的物流设施。可实现不同状态、空间、时间、货主的有效调度和统一管理。

6. 保税仓库 Boned Warehouse

经海关批准，在海关监管下，专供存放本办理关税手续而入境或过境货物的场所。

7. 出口监管货物 Export Supervised Warehouse

经海关批准，在海关监管下，存放已按规定领取了出口货物许可证或批件，已对外买断结汇并向海关办完全部出口海关手续的货物的专用仓库。

8. 海关监管货物 Cargo under Custom's Supervision

在海关批准范围内接受海关检验的进出口、过境、转运、通关货物，以及保税货物和其他尚未办结海关手续的进出境货物。

9. 冷藏 Chill Space

仓库的一个区域，其温度保持在 $0\sim10℃$ 范围内。

10. 冷冻区 Freeze Space

仓库的一个区域，其温度保持在 $0℃$ 以下。

11. 控温储存区：Humidity Controlled Space

仓库内配有湿度调制设备，使内部湿度可调的库房区域。

12. 温度可控区 Temperature Controlled Space

温度可根据需要调整在一定范围内的库房区域。

13. 收货区 Receiving Space

到库物品入库前核对检查及进库准备的地区。

14. 发货区 Shipping Space

物品集中待运地区。

15. 料棚 Goods Shed

供储存某些物品的简易建筑物，一般没有或只有部分围壁。

16. 货场 Goods Yard

用于存放某些物品的露天场地。

17. 货架 Goods Shelf

用支架、隔板或托架组成的立体储存货物的设施。

18. 托盘 Pallet

用于集装、堆放、搬运和运输的放置作为单元负荷的货物和制品的水平平台装置。

19. 叉车 Fork Lift Truck

具有各种叉具，能够对货物进行升降和移动及装卸作业的搬运车辆。

20. 输送机 Conveyor

对物品进行连续运送的机械。

21. 自动导引车 Automatic Guided Vehicle（AGV）

能够自动行驶到指定地点的无轨搬运车辆。

22. 箱式车 Box Car

除具备普通车的一切机械性能外，还必须具备全封闭的箱式车身和便于装卸作业的车门。

23. 集装箱 Container

是一种运输设备，应满足下列要求：

（1）具有足够的强度，可长期反复使用。

（2）适于一种或多种运输方式运送，途中转运时，箱内货物不需换装。

（3）具有快速装卸和搬运的装置，特别便于从一种运输方式转移到另一种运输方式。

（4）便于货物装满和卸空。

（5）具有1m³及以上的容积。

集装箱这一术语不包括车辆和一般包装。

资料来源：《中国物资流通》